IST JOHANNES 3,16 DAS EVANGELIUM?

IST JOHANNES 3,16 DAS EVANGELIUM?

David Pawson

Anchor

Copyright © 2024 David Pawson Ministry CIO

Original title: IS JOHN 3:16 THE GOSPEL?

David Pawson ist gemäß dem Copyright,
Designs and Patents Act 1988 der Urheber dieses Werkes.
Alle Rechte vorbehalten

Herausgeber der deutschen Ausgabe 2024 in Großbritannien:
Anchor, ein Handelsname von David Pawson Publishing Ltd.,
Synegis House, 21 Crockhamwell Road,
Woodley, Reading RG5 3LE

Dieses Werk ist urheberrechtlich geschützt. Ohne vorherige schriftliche Genehmigung des Verlages darf kein Teil dieses Buches in irgendeiner Form vervielfältigt oder weitergegeben werden. Das betrifft auch die elektronische oder mechanische Vervielfältigung und Weitergabe, einschließlich Fotokopien, Aufzeichnungen und Systemen zur Informations- und Datenspeicherung und deren Wiedergewinnung.

Übersetzung aus dem Englischen:
Werner Geischberger, Anita und Tilman Janzarik

**Weitere Titel von David Pawson,
einschließlich DVDs und CDs:
www.davidpawson.com**

**KOSTENLOSE DOWNLOADS:
www.davidpawson.org**

**Weitere Informationen:
info@davidpawsonministry.com**

ISBN 978-1-913472-79-5

Druck: Ingram Spark

Inhalt

	Vorwort	7
1	Das Evangelium in nur einem Satz?	9
2	Wort für Wort erklärt	17
3	Der Gott, der tötet	41
4	Ein Lehrer im Dunkeln	53
5	Die Botschaft für Christen	65
6	Apostel des Zorns	79
	Nachwort und Gebet	83

VORWORT

Dieses Buch basiert auf einer Vortragsreihe. Da es dem gesprochenen Wort entspringt, wird es sich in der Wahrnehmung vieler Leser etwas von meinem üblichen geschriebenen Stil unterscheiden. Es bleibt zu hoffen, dass dies nicht von der Substanz der hierin enthaltenen biblischen Lehre ablenkt.

Wie immer bitte ich den Leser, alles, was ich sage oder schreibe, mit dem zu vergleichen, was in der Bibel geschrieben steht und sich - falls an irgendeiner Stelle Konflikte augenscheinlich werden sollten - stets auf die klare Lehre der Schrift zu verlassen.

David Pawson

Kapitel 1

DAS EVANGELIUM IN NUR EINEM SATZ?

In meiner Bibliothek befindet sich ein Buch mit dem Titel *Das Evangelium in viertausend Sprachen*. Schlägt man es auf, findet man einen einzigen Vers, nämlich Johannes 3,16, in viertausend verschiedenen Sprachen! Es ist der bekannteste Vers im Neuen Testament - ja, vielleicht sogar in der ganzen Bibel - und viele Leute halten ihn für eine gute Zusammenfassung des Evangeliums. Zweifellos ist dies einer der wenigen Verse, bei dem die meisten Christen Kapitel- und Versangabe auswendig kennen.

„Denn so hat Gott die Welt geliebt, dass er seinen eingeborenen Sohn gab, damit jeder, der an ihn glaubt, nicht verloren geht, sondern ewiges Leben hat."

Manche nennen diesen Vers auch den „goldenen Text" und sehr oft heißt es, er würde das Evangelium kurz und bündig auf den Punkt bringen. Wie die meisten Prediger habe auch ich ihn als Predigttext verwendet. Doch heute muss ich gestehen, dass ich, wie die meisten Christen, diesen Vers völlig falsch verstanden habe. Ich erinnere mich noch, dass ich jedem Abschnitt dieses Textes eine einprägsame Überschrift gab, als ich darüber predigte. Ich begann mit der „größten Liebe", fuhr fort mit dem „größten Geschenk", ging weiter zur „schlimmsten Gefahr" und schloss mit dem „längsten Leben". Mir kommen auch noch einige Bruchstücke der Predigt in den Sinn, die ich vor vielen Jahren hielt, doch bedauerlicherweise werde ich sie nie wieder halten können. Wenn man die wahre Bedeutung eines Verses einmal herausgefunden hat, kann man nie wieder in die Zeit vor dieser Erkenntnis zurückgehen und ihn noch einmal in der falschen Bedeutung verwenden! Ich möchte Sie deshalb

IST JOHANNES 3,16 DAS EVANGELIUM?

warnen: Möglicherweise ruiniere ich für Sie Johannes 3,16 für den Rest Ihres Lebens! Aber ich hoffe, dass dieses Buch Ihnen auch die wahre Bedeutung dessen vermitteln wird, was eine ganz wunderbare Botschaft ist und zudem eine ausgesprochen wichtige - insbesondere für Christen.

Wir verwenden Johannes 3,16 also in erster Linie als einen Text, der das Evangelium in sich birgt. Vielleicht kennen Sie den klischeehaften englischen Merksatz: „A text out of context is a pretext", was man sinngemäß übersetzen könnte mit: „Ein Text, der außerhalb des Kontexts betrachtet wird, dient als Vorwand." Bedauerlicherweise kann er auch als „Beweistext" verwendet werden. Weil zu irgendeinem Zeitpunkt der Geschichte die Bibel in Kapitel und Verse unterteilt und jedem Vers eine Nummer gegeben wurde, neigt man dazu, die Bibel so zu sehen, als sei sie eine große Kiste voller Beweistexte. Wenn wir einen Text finden können, der das aussagt, was er nach unserem Willen aussagen sollte, dann glauben wir, wir hätten damit anhand der Bibel eine bestimmte Sichtweise oder Position belegt. Johannes 3,16 wird genauso verwendet - losgelöst vom Textzusammenhang. Ich glaube, es ist, wie wir noch sehen werden, einer der am häufigsten falsch übersetzten und am öftesten falsch verstandenen und angewendeten Verse in der Bibel. Ich musste ihn weitaus detaillierter studieren und unter die Lupe nehmen als jemals zuvor, weil ich eine Reihe von E-Mails und Briefen bekommen habe, in denen die Leute eine ganz schlichte Frage stellten: „Und was ist mit Johannes 3,16?" Seit einem oder zwei Jahren beunruhigt es mich immer mehr, dass wir einen gravierenden Fehler begehen, wenn wir uns in unserer Predigt des Evangeliums voll und ganz auf die Liebe Gottes konzentrieren. Vielleicht schockiert Sie das - bis ich erklärt habe, was ich damit meine. Seit etwa hundert Jahren beginnt die Predigt des Evangeliums mit der Liebe Gottes. Kurz gesagt, predigen wir den Ungläubigen, dass Gott die Liebe ist, dass er jeden Menschen liebt und deshalb auch „dich", den einzelnen Ungläubigen, liebt. Wir richten unser Augenmerk auf

Das Evangelium in nur einem Satz?

die Liebe Gottes als die vorrangige Botschaft, die wir für die Welt haben. Die frohe Botschaft besagt, dass Gott dich liebt und will, dass du das weißt und dass du diese Liebe annimmst. Die Wahrheit ist jedoch, dass die Apostel so etwas nie gesagt haben!

Besonders beunruhigend ist es, wenn, wie es sich vor etwa zwanzig Jahren eingeschlichen hat, von der „bedingungslosen Liebe Gottes" die Rede ist. Vor kurzem bat ich die Teilnehmer einer großen christlichen Versammlung, die Hand zu heben, falls sie diese Formulierung - die „bedingungslose Liebe Gottes" - schon einmal gehört haben. Mehr als drei Viertel der Anwesenden signalisierten, sie hatten diese Wendung schon einmal gehört. Anschließend fragte ich sie: „Könnt ihr bitte die Hand heben, falls ihr diese Formulierung schon einmal in eurer Bibel gefunden habt?" Natürlich reagierte niemand. Wo haben wir das also her? Wir haben es uns angeeignet und es ist eine ausgesprochen irreführende Formulierung. Das Adjektiv „bedingungslos" kann viele verschiedene Bedeutungen haben.

Wenn gesagt wird, Gottes Liebe sei bedingungslos, deutet man damit an, dass er jeden Menschen so liebt, wie er ist. So wird dieser Begriff zumindest von Ungläubigen aufgefasst. Gottes Liebe ist „bedingungslos" - das bedeutet also, dass er keinen Menschen richtet. Er liebt die Menschen so, wie sie sind - also:

„Komm zu ihm, so wie du bist." Was ist bloß mit dem Ruf „Tut Buße" geschehen - „Buße" bedeutet ja „Veränderung"?

Der erste Schritt, wenn man zu Gott kommt, der allererste Schritt, besteht darin, dass man sich ändert, dass man Buße tut. Doch der Ausdruck „die bedingungslose Liebe Gottes" besagt:

„Komm, wie du bist." Ich fing an, eine immer größere, echte Last in meinem Geist zu verspüren und begann, radikale Fragen darüber zu stellen, inwieweit man Ungläubigen die Liebe Gottes predigen soll - insbesondere eine „bedingungslose". Wenn wir das tun, tun wir dann wirklich das, was der Herr von uns möchte?

Also machte ich meine Hausaufgaben und fand einige sehr überraschende Dinge in der Bibel im Zusammenhang mit der

IST JOHANNES 3,16 DAS EVANGELIUM?

Liebe Gottes. Als Erstes fiel mir auf, wie selten in der Bibel von der Liebe Gottes die Rede ist. Man kann den Eindruck bekommen, die ganze Bibel spreche fortwährend von seiner Liebe, doch wenn man sich hinsetzt und die ganze Angelegenheit unter die Lupe nimmt, dann findet man lediglich fünfunddreißig Verse, die sich direkt und explizit auf die Liebe Gottes beziehen. Und haben Sie eine Vorstellung davon, wie viele Verse Ihre Bibel hat? Fünfunddreißigtausend! Also geht es nur in einem von tausend Versen um die Liebe Gottes. Für mich war das eine echte Überraschung. Ich hatte immer gedacht, die Bibel sei voll davon.

Die zweite, noch größere Überraschung war, dass sich jeder Bibelvers, in dem die Liebe Gottes erwähnt wird, an jene richtet, die bereits von ihm aus der Sklaverei freigekauft wurden - sei es aus der Sklaverei in Ägypten unter dem Pharao oder aus der Sklaverei der Sünde unter Satan. Nur die, die von Gott aus der Sklaverei errettet wurden, reden miteinander über die Liebe Gottes. Im Alten Testament redeten Juden nur mit Juden über die Liebe Gottes. Im Neuen Testament redeten Christen nur mit Christen über die Liebe Gottes. Es war ein „internes" Thema. Ich glaube, das liegt daran, dass nur jene, die bereits von Gott erlöst worden sind, seine Liebe verstehen können. Andere haben wirklich nicht genug verstanden, um begreifen zu können, was die Liebe Gottes tatsächlich ist, solange sie nicht selbst errettet und erlöst worden sind. Um diesen Gedanken noch ein wenig weiter zu führen: Vergegenwärtigen Sie sich bitte auch, dass weder Jesus noch irgendein Apostel je öffentlich über die Liebe Gottes predigte.

Ich appelliere immer an die Leute, vor denen ich predige, und sage zu ihnen: Akzeptieren Sie das, was ich sage, nicht als Wahrheit, solange Sie es nicht anhand Ihrer eigenen Bibel geprüft haben. Lesen Sie selbst nach, ob ich Recht oder Unrecht habe. Bitte prüfen Sie also alles, was ich zu diesem Thema sage, aber ich konnte kein einziges Beispiel dafür finden, dass Jesus oder die Apostel je vor Ungläubigen über die Liebe Gottes gepredigt hatten. Dass dieser Aspekt fehlt, fällt einem vor allem in der Apostelgeschichte auf, die ja zweifellos schildert, wie die Urgemeinde evangelisierte, das Evangelium verbreitete und Gemeinden gründete. Doch in der gesamten Apostelgeschichte wird die Liebe Gottes kein einziges Mal erwähnt. Das war es nicht, was sie predigten. Das war nicht die Art und Weise, wie sie das Evangelium verbreiteten. Das war nicht die Art und Weise, wie sie Gemeinden gründeten. Wir sind schlicht und einfach davon ausgegangen, dass sie es taten, ohne uns selbst zu vergewissern, ob das auch tatsächlich der Fall war.

Als ich anfing, mir ein Gesamtbild all dieser biblischen Fakten zu machen, kam ich zu folgender Schlussfolgerung: Mit Ungläubigen über die Liebe Gottes zu reden ist ein klassisches Beispiel für etwas, das uns Jesus gar nicht aufgetragen hat. Er sagte:

„Werft die Perlen nicht vor die Säue." Sie werden den Wert dessen, was wir ihnen geben, sicher nicht zu schätzen wissen, ganz im Gegenteil: Sie werden „... diese mit ihren Füßen zertreten und sich umwenden und euch zerreißen!" Ich persönlich habe noch nie über diesen Bibeltext gepredigt und habe auch noch nie einen anderen Prediger darüber predigen hören. Doch ich fing an, mich zu fragen, was Jesus hiermit wohl meint. Was sind in seinem Denken diese „Perlen", über die er zu uns sagt: Werft sie nicht den Säuen vor, die sie weder verstehen noch zu schätzen wissen werden? Und ich bin zu der Schlussfolgerung gelangt, dass es eben gerade ein Beispiel für „Perlen vor die Säue werfen" ist, wenn wir mit jenen, die noch nicht erlöst sind, über die Liebe Gottes reden. Und Jesus sagte, wenn wir das tun, werden sie sich umdrehen und uns attackieren. Ich habe festgestellt, dass, wenn man Ungläubigen gegenüber über die Liebe Gottes redet, jene sich augenblicklich umdrehen und uns angreifen. Augenblicklich bringen sie zwei sehr tiefschürfende Einwande vor. Erstens: Wie können Sie dann all das Leiden in der Welt erklären? Zweitens: Wie können Sie es wagen zu glauben, dass es in der kommenden

IST JOHANNES 3,16 DAS EVANGELIUM?

Welt Leiden geben wird? Das sind die Spontanreaktionen Ungläubiger, denen man sagt, Gott liebe jeden Menschen.

Insbesondere Naturkatastrophen werden in ihrer Hand zu einer regelrechten Geißel. Der „Tsunami" in Asien war ein klassisches Beispiel hierfür. Wie konnte ein Gott der Liebe so etwas zulassen oder das Erdbeben, das den Tsunami auslöste? Wie könne ein liebender Gott dasitzen und zulassen, dass so etwas geschieht? Das ist ihre prompte Reaktion, wenn wir sagen, Gott, der die Natur schuf und die Natur kontrolliert, sei ein Gott der Liebe. Wie könne er das sein?

Was das Leiden in der kommenden Welt anbelangt, fallen die Reaktionen noch heftiger aus. Ich habe ein Buch mit dem Titel *Der Weg zur Hölle* geschrieben. In einer englischen Zeitung wurde es fälschlicherweise mit der Schlagzeile „Lesen Sie David Pawsons Autobiografie" angekündigt! Als das Buch erschien, wurde ich mehr als einmal eingeladen, um in den Medien meine Anschauungen zu erörtern. Offensichtlich ist es heutzutage eine Seltenheit, wenn ein Prediger sagt, dass er immer noch an die Hölle glaubt. Also erschien ich in einem Studio der BBC und seltsamerweise stellten die Interviewer als Erstes immer dieselbe Frage. Das wurde ziemlich langweilig. Die erste Frage des Interviews lautete: „Nun, Mr. Pawson, Sie haben dieses Buch über die Hölle geschrieben. Wie kann ein Gott der Liebe jemanden in die Hölle schicken?" Diese erste Frage diente immer als Hebel, der angesetzt wurde, um mich als Christ anzugreifen. Wenn Gott ein Gott der Liebe ist, wie könne er dann Menschen in die Hölle schicken?

In aller Regel antwortete ich mit einer Gegenfrage. Diese Taktik habe ich von Jesus selbst gelernt. Ich sagte immer: „Was in aller Welt verleitet Sie zu der Anschauung, Gott sei ein Gott der Liebe?"

Und immer und immer wieder erlebte ich, dass ich damit meine Interviewpartner völlig aus dem Konzept brachte. „Nun ... also ...", stammelten sie und stotterten: „Aber das glauben die Christen doch, oder nicht? Und hat Jesus das nicht gelehrt?"

Ich erwiderte: „Nun, das hat er schon getan. Aber wissen Sie, alles, was ich über die Hölle weiß, habe ich von Jesus gelernt, weil er der Einzige in der Bibel ist, der darüber redet. Im Alten Testament findet man nichts über die Hölle. Petrus erwähnt sie nicht. Paulus erwähnt sie nicht. Johannes erwähnt sie nicht. Alles, was ich über die Hölle weiß, stammt aus dem Mund Jesu." An dieser Stelle sahen sie meist auf die Uhr und kürzten das Interview dann ab!

Sobald man in aller Öffentlichkeit sagt: „Gott liebt dich", kommt postwendend die Reaktion: Warum lässt er dann all das Leid in der Welt zu und wie können Sie es wagen zu sagen, dass er auch in der kommenden Welt Leid verursachen werde? Werfen Sie Perlen vor die Säue und sie werden sich umwenden und Sie zerreißen! Es gibt einige Dinge, die zu kostbar sind, um damit in aller Öffentlichkeit um uns zu werfen. Das gilt eigentlich auch für die Vaterschaft Gottes. Haben Sie gewusst, dass Jesus nie in der Öffentlichkeit über die Vaterschaft Gottes sprach? Er hat nie gelehrt, dass Gott der Vater jedes Menschen sei. Und Vaterschaft war für ihn so etwas Kostbares, dass er sie in seinen öffentlichen Predigten nie erwähnte. Nur wenn er mit seinen Jüngern beisammen war, sprach er von „meinem Vater" und „eurem Vater". Vaterschaft ist etwas sehr Kostbares. Es ist eine Perle.

In einer Gesprächsrunde im Fernsehen sagte ich nur so nebenbei etwas wie: „Ich kenne keinen einzigen Vers in der Bibel, der mir klar und deutlich sagt, dass Gott jeden Menschen liebt." Sie können sich vorstellen, welche Resonanz dieser Abend fand! Und diese Resonanz sah durch die Bank so aus, dass die Frage „Und was ist mit Johannes 3,16?" aufgeworfen wurde. Aus diesem Grund werden wir uns in der folgenden Betrachtung auf diesen einen Vers konzentrieren - weil er verwendet wird, um die Predigt eines Evangeliums der Liebe Gottes zu rechtfertigen. Man verwendet ihn als Begründung für die Überzeugung, dass

IST JOHANNES 3,16 DAS EVANGELIUM?

Gott jeden liebt - ausnahmslos jeden. Und man verwendet ihn in verschiedenerlei Weise. In diesem Buch geht es nicht in erster Linie darum, wie wir in der Öffentlichkeit über Gott predigen sollten - aber wir sollten, in einem Wort, seine Gerechtigkeit predigen. Seine Gerechtigkeit - das ist das Hauptthema der Bibel. Das war auch das Hauptthema der Apostel, als sie predigten. Aus diesem Grund konnte Paulus auch sagen: *„Ich schäme mich des Evangeliums nicht, denn es ist die Kraft Gottes zur Errettung eines jeden, der glaubt, denn darin wird eine Gerechtigkeit von Gott offenbart, eine Gerechtigkeit, die von Glauben zu Glauben ist, wie geschrieben steht: Der Gerechte aber wird aus Glauben leben."*
Kein Wort über die Liebe Gottes! Sein Evangelium war ein Evangelium der Gerechtigkeit und das ist ein gutes Evangelium. Das ist eine gute Nachricht. Der Unterschied besteht darin, dass man, wenn man ein Evangelium der Gerechtigkeit predigt, als allererste Reaktion Buße sehen möchte - noch vor dem Glauben. Das Evangelium, das die Apostel predigten, erwartete Buße als Reaktion. Man tut Buße, hin zu einem Gott, der gerecht ist.

Kapitel 2

WORT FÜR WORT ERKLÄRT

In den nun folgenden Ausführungen werden wir uns auf diesen einen Einwand konzentrieren, der vorgebracht wird, wenn ich erkläre, dass Gottes Liebe nicht bedingungslos ist. Er lautet:

„Und was ist mit Johannes 3,16?" „Es besteht kein Zweifel", so entgegnen viele Leute, „dass dies das Evangelium der Liebe ist - über einen Gott, der die Welt so sehr liebte, dass er seinen eingeborenen Sohn gab; ein Evangelium, das die Menschen auffordert, an ihn zu glauben." Doch stimmt das wirklich? Wenn wir uns nun ausführlich mit diesem einen einzigen Vers beschäftigen, möchte ich Ihnen zeigen, dass er nicht notwendigerweise das bedeutet, was wir immer dachten!

Wir müssen uns eines vergegenwärtigen: Wenn wir wirklich anfangen zu studieren, was die Bibel tatsächlich über die Liebe Gottes sagt, dann stellen wir fest, dass sie nicht bedingungslos ist. Es wird uns gesagt, dass Gott jene liebt, die ihn fürchten. Gott liebt jene, die seine Gebote halten (vgl. z. B. Joh 15,10). In den uns vorliegenden Aussagen ist die Liebe Gottes an viele, viele Bedingungen geknüpft. Doch, wie ich schon sagte, diese Aussagen sind allesamt „intern", das Volk Gottes betreffend. Juden reden miteinander über die Liebe Gottes und Christen ebenfalls. Wir müssen anfangen, die Bibel mit neuen Augen zu sehen. Es ist bedauerlich, dass ein französischer Bischof das Wort Gottes in Kapitel unterteilte, und ein irischer Bischof unterteilte die Kapitel in Verse und so sind wir „textorientierte" Leute geworden. Das Wort „Text" bedeutete ursprünglich: „alles in einem Buch außer dem Inhaltsverzeichnis oder dem Anhang". „Text" bedeutete ein ganzes Buch. Nur in christlichen Kreisen

IST JOHANNES 3,16 DAS EVANGELIUM?

änderte dieses Wort seine Bedeutung, so dass nur mehr ein Satz in einem Buch gemeint ist, wodurch es uns möglich wurde, einen einzelnen Satz für sich alleinstehend zu zitieren. So kann es sein, dass wir ihn direkt aus seinem Zusammenhang reißen und in der Art und Weise verwenden, wie wir ihn gerne verwenden möchten. Ich wünschte, wir könnten diese Kapitel- und Versunterteilungen wieder abschaffen!

Es ist alles so bequem geworden: Wir „durchforschen" die Schrift nicht mehr - wir schlagen Schriftstellen nach. Wie viel Schaden dies angerichtet hat, kann ohne größere Schwierigkeiten demonstriert werden. Suchen Sie sich irgendeine Gruppe von Christen aus und stellen Sie die Frage: „Wie viele von euch können Johannes 3,16 zitieren?" Aller Wahrscheinlichkeit nach werden fast alle Anwesenden dies bejahen. Fragen Sie sie als Nächstes: „Und wie viele von euch können Johannes 3,15 zitieren?" Auf diese Frage hin werden wohl nur mehr ein oder zwei Leute die Hand heben. Zudem noch: „Und wie sieht es mit Johannes 3,17 aus?" Noch ein paar - vielleicht. Verstehen Sie, was ich meine?

Ich werde Ihnen klar und deutlich vor Augen malen, dass Sie Johannes 3,16 nur verstehen werden, wenn Sie den unmittelbaren Kontext berücksichtigen, also die Verse davor und danach, die die Bedeutung aufschlüsseln. Ohne auf diese Verse Bezug zu nehmen, werden Sie Johannes 3,16 nicht verstehen. Aber wir haben uns so sehr daran gewöhnt, Verse allein stehend und ohne Kontext zu verwenden. Wie wir wissen, wurde das Neue Testament ursprünglich nicht in unserer Sprache, sondern in Griechisch verfasst. Hierzu ein interessantes Streiflicht: Die allererste Seite des frühesten Buchs, das bislang überhaupt entdeckt wurde, befindet sich in der John Rylands Bibliothek in Manchester. Vor seiner Entstehung war es üblich, alles Geschriebene auf endlosen Schriftrollen aus Pergament festzuhalten, die zusammengerollt aufbewahrt wurden - und es war reichlich schwierig, so große Rollen mit sich in der Tasche herumzutragen! Jemand „erfand" dann das Buch, indem er die Pergamentbahnen in kleine

Rechtecke zerschnitt, an einer Seite zusammennähte und dann beidseitig beschrieb. Diese in Manchester aufbewahrte erste Seite des ersten Buchs der Menschheitsgeschichte ist eine Seite aus dem Johannesevangelium. Es konnte also durchaus der Fall gewesen sein, dass man das „Buchformat" entwarf, um es den Leuten leichter zu machen, das Wort Gottes überallhin mitzunehmen!

Die griechische Sprache war in gewisser Hinsicht ein klein wenig präziser als Englisch oder Deutsch. Wir haben heute einen vergleichsweise lockeren Umgang mit unserer Sprache. Es ist notwendig, dass wir uns hier etwas mit dem Griechischen beschäftigen, schlicht und einfach, weil Englisch und Deutsch die klarere Bedeutung des Griechischen nicht immer genau auf den Punkt bringen. Dies bezieht sich sowohl auf das Vokabular als auch auf die Grammatik.

Ich möchte betonen, dass ich nicht vorhabe, dies komplizierter zu machen als es ist. Ganz im Gegenteil. Wie immer gilt: Falls Sie an irgendeiner Stelle der weiteren Ausführungen denken: „Ich frage mich, ob er hier wirklich Recht hat oder nicht", dann suchen Sie sich jemanden, der Griechisch kann (vielleicht Ihr Pastor) und lassen Sie mich von ihm unter die Lupe nehmen.

Es mag reichlich pedantisch wirken, sich hier griechische Vokabeln und Grammatik zu Gemüte zu führen. Aber Sie sind erwachsen und mit einem Verstand begabt; Sie denken und Sie wollen Gott mit all Ihrem Denken lieben und sicher sein, dass Sie auf festem Boden stehen.

Wenn wir uns nun endlich Johannes 3,16 zuwenden, müssen wir uns als Erstes die Worte ansehen, die in diesem Vers verwendet werden, damit Sie sicher sein können, dass Sie auch begreifen, was diese Worte bedeuten, d. h. was sie ursprünglich, als sie niedergeschrieben wurden, bedeuteten - nicht nur, was sie für Sie oder mich bedeuten, sondern was sie für den bedeuteten, der diese Worte niederschrieb, und für die, die sie als Erste lasen. Sehen wir uns deshalb nun die wichtigsten Worte an, die in Johannes 3,16 verwendet werden:

IST JOHANNES 3,16 DAS EVANGELIUM?

„GOTT"

Das große Subjekt dieses Verses, das einem sofort ins Auge sticht, ist „Gott". Den meisten von uns muss man nicht erst sagen, was dieses Wort bedeutet. Gemeint ist der Gott der Bibel, der Gott, der die Welt schuf, der Gott, von dem wir herkommen, der Gott, zu dem wir als unseren Richter gehen, der Gott Israels, der Gott und Vater unseres Herrn Jesus Christus. Über diesen Gott sprechen wir. Es ist kein anderer Gott. Es ist, um nur ein Beispiel zu nennen, nicht „Allah". Wir sprechen hier vom „Gott" der Bibel, dem christlichen „Gott". Wir sprechen hier auch nicht von der ganzen Dreieinigkeit. Wir sprechen nicht von Vater, Sohn und Heiligem Geist, denn in diesem Vers wird später noch separat auf den Sohn Bezug genommen. Gott liebte und gab seinen eingeborenen Sohn. Damit ist klar, dass mit „Gott" hier Gott Vater gemeint ist. Mehr brauchen wir über diese Bezugnahme auf Gott an dieser Stelle eigentlich nicht zu sagen. In diesem Evangelium des Johannes wird Jesus auch „Gott" genannt, ohne dass dies näher modifiziert werden würde. Das Evangelium beginnt mit dem Statement „Im Anfang war das Wort, und das Wort war bei Gott, und das Wort war Gott" und endet mit dem Ausspruch des Thomas „Mein Herr und mein Gott." Keins der anderen Evangelien wendet das Wort „Gott" so auf Jesus an wie Johannes. Doch hier, in Johannes 3,16, spricht Johannes nicht von Jesus, sondern vom Vater. „Denn so hat Gott die Welt geliebt" bezieht sich auf Gott, den Vater, der seinen Sohn gab.

„LIEBTE"

Als Nächstes kommen wir auf ein Wort zu sprechen, mit dem wir uns etwas ausführlicher beschäftigen müssen: „liebte". Sie sind sich vielleicht dessen bewusst, dass die griechische Sprache etliche Wörter kannte, die in unserer Sprache von dem einen Wort „Liebe" abgedeckt werden. Aus diesem Grund müssen wir jedes Mal, wenn wir in der Schrift das Wort „Liebe" finden, kurz innehalten. Wir müssen uns bei jeder Fundstelle fragen, welche

Art Liebe im jeweiligen Fall gemeint ist, weil unser Wort „Liebe" alles Mögliche abdeckt - von der Liebe zum guten Essen bis hin zur Liebe zu einer Sache oder Person. Deshalb kommen wir an dieser Stelle zu unserer ersten kleinen Griechischlektion. Ich werde Ihnen drei Worte für „Liebe" in der griechischen Sprache vor Augen führen; es gibt allerdings noch ein viertes, das jedoch in eine ganz eigene Kategorie fällt.

Das erste griechische Wort, das wir mit „Liebe" übersetzen, lautet *epithymia*. Dies ist die niedrigste Form von Liebe. Ein sinngleiches Wort in unserer Sprache wäre „Lust", also ungenierte Promiskuität. Im Neuen Testament wird uns natürlich gesagt, dass dies eine „Liebe" ist, die wir um jeden Preis meiden sollen. Sie ist rein fleischlicher Natur. Sie ist schmutzig. Sie ist nichts, was Gott erlösen konnte. Sie muss verworfen werden. Und obwohl das eine Bedeutung ist, die das Wort „Liebe" in unserer Sprache manchmal annehmen kann, legen wir sie jetzt komplett beiseite.

Wir müssen uns auf die drei anderen gängigen griechischen Worte für „Liebe" konzentrieren und ich werde sie definieren, damit Sie ihre Bedeutung in umfassender Weise begreifen können. Das erste ist „eros". Sie meinen vielleicht, am Piccadilly Circus, im Herzen Londons, stünde eine Statue, die diesen Namen trägt. Falsch! Sie wird im Volksmund „Eros" genannt, weil die Leute meinen, sie stelle Cupido mit einem Bogen dar, der seine Pfeile ins Herz eines Menschen schießt. Aber dem ist nicht so. Die Statue sollte eigentlich „agape" heißen (was ich gleich noch näher erläutern werde), weil sie den Engel der Barmherzigkeit darstellt und nicht Cupido. Sie wurde zum Gedenken an Anthony Ashley Cooper, später bekannt als Lord Shaftesbury, errichtet, der sein ganzes Leben der Verbesserung der Arbeitsbedingungen der armen Bevölkerung Englands widmete und aus diesem Grund hält man sein Andenken in Ehren. Wenn Sie am Piccadilly Circus stehen, dann gehen Sie zu der Statue und lesen Sie die Inschrift, bevor Sie sie „Eros" nennen. „Eros" ist im Wesentlichen Liebe in dem Sinne, dass man sich zu jemandem hingezogen fühlt. Das

IST JOHANNES 3,16 DAS EVANGELIUM?

bezieht sich in erster Linie auf die sexuelle Liebe und das ist auch die mit Abstand häufigste Erscheinungsform. Von allen Liedern, die jemals geschrieben wurden, handeln mehr als drei Viertel von „eros" - also davon, dass sich Mann und Frau zueinander hingezogen fühlen. Das ist auch durchaus verständlich, denn schließlich ist das eine der größten Tatsachen des Lebens und es ist ja nichts Falsches daran. Es ist nicht sündhaft an sich. Dass sich Mann und Frau zueinander hingezogen fühlen, ist etwas, das Gott geschaffen hat. „Eros" ist also primär eine Liebe des Herzens. Sie ist vor allem und in allererster Linie eine unfreiwillige Liebe, etwas, wogegen man nichts machen kann, etwas, das man nicht nach Belieben aus- und einschalten kann. Man erliegt ihr und kommt dann wieder von ihr los. Sie entzieht sich weitgehend unserer Kontrolle. Blicke treffen sich in einem überfüllten Saal und „eros" entsteht. Eine chemische Reaktion. Eine gegenseitige Anziehungskraft. Das ist also „eros".

Es ist nun nicht so, dass Gott die Welt mit „eros" liebt. Er fühlt sich nicht besonders zu uns hingezogen. Er hat sich nicht „in uns verliebt". Da das Wort „Liebe" in unserer Sprache vor allem für „eros" verwendet wird, ist es infolgedessen unangemessen, mit diesem Gedanken im Hinterkopf Johannes 3,16 zu lesen. Es ist ja in gewisser Weise auch eine selbstsüchtige Liebe und zwar in dem Sinne, dass sie etwas vom anderen bekommen möchte. Sie fühlen sich zu jemandem hingezogen. Sie möchten die Aufmerksamkeit dieses Menschen gewinnen. Sie möchten eine Beziehung mit ihm aufbauen. Sie möchten etwas von den Leuten bekommen, zu denen Sie sich hingezogen fühlen, damit diese Liebe auf Gegenseitigkeit beruht.

Das zweite Wort ist „philia". Davon leiten sich Worte wie „philadelphia" ab, was „Bruderliebe" bedeutet. Dies ist Liebe in Form von Zuneigung. Es ist mehr eine Liebe der Gesinnung als des Herzens. Sie besteht darin, dass man gemeinsame Interessen findet. Sie drückt sich im Prinzip darin aus, dass man sagt, man „mag" jemanden.

So haben wir nun „epithymia", was unserem Wort „Lust" entspricht; „eros", wie bei uns das Wort „Liebe" am häufigsten verwendet wird; und „philia", dass man jemanden „mag", eine Liebe der Zuneigung: „Ich mag ihn." „Ich mag sie." „Wir kommen super miteinander aus." „Wir haben viel gemeinsam." Diese Form der Liebe ist weniger selbstsüchtig als „eros", da sie sowohl geben als auch nehmen möchte. Sie beruht auf Wechselseitigkeit. Aber sie spielt sich mehr in unseren Gedanken, in unserem Sinn, ab: Man hat gemeinsame Interessen; man fühlt sich einem anderen Menschen zugeneigt.

Kommen wir nun zum letzten wichtigen griechischen Wort, das in unserer Sprache mit „Liebe" übersetzt wird: „agape". Das ist die Liebe der Tat. Mit anderen Worten: Dreh- und Angelpunkt von „eros" ist das Herz, bei „philia" ist es der Sinn, doch bei „agape" ist es der Wille. Ein deutsches Wort, das „agape" vielleicht am nächsten kommt, wäre „sich um jemanden kümmern". Wenn wir uns um jemanden kümmern, bedeutet das, dass er zweierlei von uns bekommt: Wir schenken ihm Aufmerksamkeit und wir werden für ihn tätig. Agape heißt, dass man etwas zugunsten eines anderen Menschen tut, das von Liebe zeugt. Im Wesentlichen ist es eine Reaktion auf die Not eines anderen. Es ist weder eine Reaktion auf dessen Attraktivität, noch eine Reaktion auf Dinge, die ihn möglicherweise interessieren. In agape-Liebe zu handeln bedeutet, dass man auf die Not eines anderen reagiert, dass man dieser Not Beachtung schenkt und dann etwas dagegen unternimmt.

Zwischen diesen drei verschiedenen Formen von Liebe gibt es gewisse Überschneidungen, aber es geht mir darum, das Kernstück, den Dreh- und Angelpunkt jeder einzelnen zu beschreiben. Dreh- und Angelpunkt der einen ist das Herz; bei der zweiten ist es der Sinn und bei der dritten der Wille. Agape geht mit gewissen Emotionen einher (ihre Motivation sind nicht selten Gefühle des Mitleids und Erbarmens, doch dafür gibt es verschiedene griechische Worte), doch der wesentliche Teil

IST JOHANNES 3,16 DAS EVANGELIUM?

dieser Form von Liebe ist der Wille, da man eben jemandem Aufmerksamkeit schenkt, der in Not ist, und etwas gegen diese Not unternimmt. Und so kommt es, dass Jesus einem Menschen, der zu ihm kam und fragte, welche Bewandtnis es mit der Nächstenliebe habe, das Gleichnis vom barmherzigen Samariter erzählte: Jemand war Räubern zum Opfer gefallen und lag verletzt am Straßenrand; zwei Leute kamen des Wegs, die ihn zweifellos sahen und vielleicht regten sich in ihnen auch Gefühle für ihn; aber sie unternahmen nichts; sie gingen auf der anderen Straßenseite an ihm vorbei. Doch der Samariter kam und sah diesen blutenden Juden, seinen Feind, und dennoch beachtete er ihn und wurde tätig, um ihm zu helfen. Genau darum geht es bei der agape-Liebe. Es geht nicht darum, sich in jemanden zu verlieben. Es geht nicht darum, Zuneigung zu jemandem zu verspüren. Es geht darum, der Situation des anderen Beachtung zu schenken und - wenn er in Not ist - etwas zu unternehmen. Ist das nicht ein wunderbares Wort?

Weil „agape" aus dem Willen herauskommt, kann man jemandem den Auftrag geben, mit „agape" zu lieben. Zu „eros" kann man niemanden beauftragen. Man kann nicht einen jungen Mann und eine junge Frau in ein Zimmer stecken und zu ihnen sagen: „Ihr sollt einander lieben." Entweder verlieben sie sich ineinander oder nicht. Man kann ihnen auch nicht auftragen, einander mit „philia" zu lieben. Vielleicht kommen sie ja zu dem Fazit, dass sie keinerlei Gemeinsamkeiten haben. Doch man kann ihnen sagen, sie sollen einander mit agape-Liebe lieben. Übertragen wir diesen Aspekt auf die Ehe. Auf einer christlichen Hochzeit wird fast ausnahmslos 1. Korinther 13 zitiert: „Die Liebe ist langmütig, die Liebe ist gütig" und auch noch alle anderen Eigenschaften. Doch das Wort hier ist „agape". Und Dreh- und Angelpunkt einer christlichen Ehe ist „agape".

Der Pfarrer oder Pastor fragt bei einer Trauung nicht: „Mögen Sie diese Person ...?" Er fragt auch nicht: „Sind Sie in diese Person verliebt?" Er sagt: „Willst du sie lieben, achten und ehren und für sie sorgen, in guten wie in bösen Tagen ...?" und die Antwort lautet: „Ja, ich will" und nicht: „Ja, ich fühle mich danach." Was auch immer sein wird - ich werde diese Person mit agape-Liebe lieben. Ich möchte hier eines klar und deutlich sagen - weil ich selbst eine traurige Erfahrung damit gemacht habe: Eine gute Ehe braucht mehr als „agape". Es muss „eros" dabei sein. Ich würde kein Paar trauen, das sich nicht zueinander hingezogen fühlt. Ich würde das für fatal halten. Eine Ehe hängt auch nicht einzig und allein von „philia" ab. Aber ich sage Ihnen eins: Eine Ehe, die nur „eros" hat, ist nicht von Dauer. Das Paar wird genauso schnell ernüchtert sein, wie es sich anfänglich ineinander verliebt hat. Eine Ehe, die zudem noch „philia", Zuneigung, hat, wird länger halten, doch früher oder später braucht eine Ehe einfach „agape", um ein Leben lang Bestand haben zu können - einen Willen, der Beachtung schenkt und tätig wird.

Habe ich nun genug über diese Worte gesagt? „Denn so hat Gott die Welt mit agape-Liebe geliebt ..." Das heißt nicht, dass er die Welt möchte. Das heißt nicht, dass er sich zur Welt hingezogen fühlte. Das heißt nicht, dass Sie für ihn attraktiv sind. Das heißt, dass er Beachtung schenkt und tätig wird, wenn er eine Not sieht.

Wie wird es ein Ungläubiger auffassen, wenn Sie zu ihm sagen: „Gott liebt dich"? Er muss denken: „Oh, ich muss liebenswert sein. Gott muss mich mögen. Gott muss sich zu mir hingezogen fühlen. Ich muss für Gott etwas ganz Besonderes sein. Er muss sich in mich verliebt haben." Doch all das ist hier nicht gemeint. Doch da die Welt so gut wie keine „agape" kennt und nur etwas mehr „philia" und eine ganze Menge „eros", wird es falsch verstanden werden, wenn man einfach nur sagt: „Gott liebt dich."

Es muss unweigerlich falsch verstanden werden, denn solange man keine Vergebung von Gott erfahren hat, begreift man kaum, was „agape" wirklich bedeuten kann.

Das ist das Wort, das in Johannes 3,16 verwendet wird. Es geht also in erster Linie weder darum, dass Gott sich zu uns hingezogen fühlt, noch darum, dass er Zuneigung zu uns empfindet, sondern

IST JOHANNES 3,16 DAS EVANGELIUM?

darum, dass Gott unserer Not Beachtung schenkt und zu unseren Gunsten tätig wird. „So hat Gott die Welt mit agape-Liebe geliebt ... dass er ... gab ..." Das ist die Tat. Das ist es, was er gegen die Not unternahm, wie er sie an uns wahrnahm.

„WELT"

Nun müssen wir uns das Wort „Welt" ansehen. „So hat Gott die Welt geliebt ..." Gott, der Vater, hat sie mit agape-Liebe geliebt; er schenkte unserer Not Beachtung und unternahm etwas dagegen. Und er tat es zugunsten der Welt. Wiederum müssen wir die Bedeutung dieses Wortes in der Bibel betrachten. Es ist kein Wort mit einer geographischen Bedeutung. Es bezieht sich nicht auf unsere Welt im Sinne unseres Planeten, unseres Globus. „Welt" ist in der Bibel immer ein Wort, das etwas mit Menschen und nicht mit Geographie zu tun hat. Es meint die Menschheit, die menschliche Gesellschaft. „So hat Gott die menschliche Gesellschaft mit agape-Liebe geliebt." Aber ich muss sagen, dass es nicht nur ein großes Wort ist, das die gesamte Menschheit einschließt; es ist auch ein schlechtes Wort. Das Wort „Welt" lässt in der Bibel ein sehr negatives Bild entstehen. Es ist eine sündhafte Welt. Es ist eine gefallene Welt. Es ist eine rebellische Welt.

Der Apostel Johannes schrieb auch Briefe und ich werde Sie nun an etwas erinnern, das er in seinem ersten Brief sagte: „Liebt nicht die Welt ... Wenn jemand die Welt liebt, ist die Liebe des Vaters nicht in ihm" (1 Joh 2,15). Das müssen wir irgendwie mit Johannes 3,16 zur Deckung bringen, denn auf den ersten Blick scheint das der absolute Widerspruch zu sein: Gott liebte die Welt, doch wir sollen das nicht tun. Es ist OK für ihn, sie zu lieben, aber nicht für uns! Das scheint zu bedeuten, dass, wenn irgendein Christ, irgendein Gläubiger, die Welt liebt, die Liebe des Vaters nicht in ihm ist. Ein wirklich außergewöhnliches Statement! Und auch in diesem Vers steht das Wort „agape". Es ist also in Ordnung, wenn Gott die Welt mit agape-Liebe liebt, aber es ist nicht in Ordnung, wenn wir die Welt mit agape-Liebe lieben. Wir sollen Gott also in diesem Punkt nicht nachahmen. Ich werde später noch einmal darauf zurückkommen, doch hier an dieser Stelle weise ich darauf hin, dass das Wort „Welt" ein schlechtes Wort ist und die sündhafte, gefallene und rebellische Gesellschaft bezeichnet. Es ist kein neutrales Wort. Es besagt, dass Gott eine rebellische Welt, die ihn nicht liebte und nicht lieben wollte, mit agape-Liebe liebte.

Gott hat ein großes Problem. Ich sage oft zu den Leuten, in der Bibel geht es nicht um unsere Probleme und Gottes Lösung dafür. Es geht vielmehr um Gottes Lösung für sein Problem. Und sein Problem sind rebellische Kinder - ein Problem, das uns heutzutage nicht unbekannt ist! Und die Bibel ist Gottes Lösung für Gottes Problem. Was tun mit rebellischen Kindern? Und mit „Welt" ist eine ganze Familie rebellischer Kinder gemeint. Gott liebt also nicht nur diese wunderschöne Welt und Gott liebt nicht nur diese menschliche Welt - Gott liebt diese rebellische, hasserfüllte Welt und unternimmt etwas dagegen.

„EINGEBOREN bzw. EINZIG-GEZEUGT"

„Dass er seinen eingeborenen bzw. einziggezeugten Sohn gab..." Nehmen wir nun das Wort „gezeugt" unter die Lupe. In den meisten modernen englischen Bibelübersetzungen erscheint dieses Wort nicht, weil es eben auch missverstanden wird und viele Leute fälschlicherweise davon ausgehen, dass der Sohn Gottes nicht ewig sei, sondern einen Anfang gehabt habe, dass er gezeugt worden sei und zwar in dem Sinne, dass es vor langer, langer Zeit nur Gott, den Vater, gegeben habe und dann Gott einen Sohn hatte und diesen seinen Sohn „gezeugt" habe. Das ist eine Irrlehre und die Kirche musste einige Jahrhunderte lang gegen diese Irrlehre ankämpfen - gegen die Vorstellung, dass der Sohn Gottes nicht ewig sei wie sein Vater, sondern an irgendeinem Punkt in Zeit oder Ewigkeit, vor dem er nicht existierte, danach jedoch schon, seinen Anfang genommen habe. Heute wird dies unter anderem auch von den Zeugen Jehovas gelehrt. Doch in

IST JOHANNES 3,16 DAS EVANGELIUM?

der Anfangszeit der Kirche gab es einen Mann namens Arius, der dies lehrte, und seine Ansichten waren damals sehr populär. Ein junger Mann namens Athanasius musste praktisch allein dagegen aufstehen und erklären, dass Jesus der ewige Sohn Gottes ist. Das Wort „gezeugt" steht hier gewissermaßen im Widerspruch - oder zumindest im Gegensatz - zu dem Wort „angenommen" bzw. „adoptiert". Es gibt ja Familien, die all ihre Kinder adoptiert haben; es gibt auch Familien, in denen einige Kinder gezeugt und andere adoptiert wurden. Gott hat eine sehr große Familie, doch in dieser Familie sind fast alle Kinder adoptiert. Sie wurden nicht von Gott gezeugt, in dem Sinne, dass sie seine Natur in sich tragen würden; vielmehr wurden sie auf einem anderen Weg in seine Familie hineingebracht. Ich denke, in unserer Sprache trifft man den genauen Sachverhalt am ehesten, wenn man sagt, dass Jesus der einzige leibliche Sohn Gottes war. Ich denke, das vermittelt am besten, was mit „gezeugt" gemeint ist. Es bedeutet nicht, dass er einen Anfang hatte, sondern dass er der Einzige war, der komplett und uneingeschränkt Anteil am Wesen seines Vaters hatte. Von seinem ureigensten Wesen her war er wie sein Vater, Gott. Die englische New International Version der Bibel sagt, Jesus sei der „one and only" Sohn Gottes und das ist wirklich eine andere gute Möglichkeit, wie man es formulieren kann. Ich versuche mit alledem, Ihnen zu erklären, dass das nicht bedeutet, dass Jesus irgendwann einmal gezeugt wurde, sondern dass er der „einzige Gezeugte" war, der Einzige, der Anteil am ureigensten Wesen des Vaters hatte, und ich hoffe, dass damit in einem Bereich Klarheit geschaffen wird, in dem es nur allzu leicht zu Missverständnissen kommen kann.

Wenn ich lese, dass Gott „die Welt so geliebt hat, dass er seinen einzigen leiblichen Sohn gab", dann denke ich unweigerlich an Abraham und Isaak. Isaak war der einzige „leibliche" Sohn, den Abraham zu jenem Zeitpunkt hatte - Ismael war ja ein unehelicher Sohn - und er war bereit, ihn zu opfern.

Wort für Wort erklärt

„GAB"

Das Wort „gab" in Vers 16 ist mehrdeutig. Wenn man den Vers für sich alleinstehend betrachtet, was bedeutet dann „gab"? Wie gab er ihn? Wem gab er ihn? Warum gab er ihn? Es heißt einfach nur „gab". Wir wissen, was es bedeutet, weil wir den Rest der Geschichte kennen, aber hier wird zum Beispiel nichts darüber ausgesagt, ob „gab" nun bedeutet, dass er seinen Sohn mit der Geburt gab oder im Tod. Wir werden später sehen, dass damit ganz ohne Zweifel gemeint ist, dass er ihn im Tod gab. Doch in gewisser Weise gab der Vater uns den Sohn auch, als er als einer von uns geboren und Mensch wurde. Ich weise lediglich darauf hin, dass das Wort „gab" für uns Christen eine tiefe Bedeutung hat, doch für sich alleinstehend betrachtet, müsste man einem Ungläubigen erst erklären, was mit „gab" wirklich gemeint ist. Gab er ihn weg an jemand anderen? Gab er ihn einem anderen Vater? Was bedeutet das? Ich weise lediglich darauf hin, dass dieser Vers für sich betrachtet tatsächlich andere Verse braucht, damit wir ihn verstehen können.

„JEDER"

Das Wort „jeder" ist nur eine Übersetzungsvariante; das griechische Wort, das hier steht, lautet „alle". Es bedeutet nicht „irgendeiner", der glaubt, sondern „jeder", der glaubt. Es ist ein Wort, das alle miteinschließt. Es ist eine sehr weit gefasste Einladung. Es heißt „alle", damit „jeder, der an ihn glaubt" gemeint ist - nicht: „... damit irgendeiner, der an ihn glaubt", sondern: „... damit jeder, der an ihn glaubt". Auch wenn die beiden Formulierungen ähnlich klingen, fühlen sie sich doch anders an. „Irgendeiner" suggeriert, es sei hier und da einmal ein Einzelner gemeint. Es heißt aber tatsächlich: „... damit alle ..." bzw. „... damit jeder, der glaubt ..." Es handelt sich hier um einen Begriff mit einer großen Breite und Weite.

„GLAUBT"

Sehen wir uns nun das Wort „glaubt" an. Es ist immer

IST JOHANNES 3,16 DAS EVANGELIUM?

ausgesprochen wichtig, sich zu vergegenwärtigen, welches Wort mit „glauben" verbunden ist. Hier ist es das Wort „an". Es liegen Welten dazwischen, ob man sagt: „Ich glaube, dass ..." oder: „Ich glaube an ..." Ich stelle meinen Zuhörern des Öfteren die Frage: „Wie viele von euch glauben an mich?" Nur ein paar mutige Seelen heben die Hand. Dann frage ich: „Wie viele von euch glauben, dass ich existiere?" Jeder reagiert und bekundet, dass er dies glaubt. Wenn man die Frage richtig formuliert, bekommt man auch eine bessere Resonanz! „Glauben, dass ..." und „glauben an" ist etwas völlig anderes. Irgendwo in Übersee stellte ich in einer Gemeinde einmal die Frage: „Wie viele von euch glauben an mich?" woraufhin fünf Leute die Hand hoben. Zu einer dieser Personen - es war eine Frau - sagte ich: „Danke, dass Sie sagen, Sie glauben an mich, aber ich weiß nicht, ob Sie das wirklich tun oder nicht. Sie haben gesagt, dass Sie es tun. Sie haben bekannt, dass Sie das tun, aber ich weiß nicht, ob Sie es wirklich tun. Würden Sie Ihr ganzes Geld in meine Obhut geben? Dann würde ich wissen, dass Sie an mich glauben, oder nicht?" Es herrschte absolute Stille im Saal. Die Leute waren wie erstarrt! Anschließend sagte ich zum Pastor: „Das kam nicht so gut an. Woran lag das?" Er erklärte mir, dass diese Frau die reichste Frau der Stadt war! Ihr Mann war gestorben und hatte ihr viele Grundstücke im Stadtzentrum hinterlassen. Und als ich zwischen den Zeilen las, kam ich zu dem Schluss, dass sie auch das neue Gemeindegebäude, in dem wir uns befanden, bezahlt hatte.

Es heißt nicht: „... jeder, der glaubt, dass Jesus für seine Sünden starb ..." Das ist mit „glauben an" nicht gemeint. Zu glauben, dass Christus für unsere Sünden starb - das ist kein errettender Glaube! An den Christus, der für unsere Sünden starb, zu glauben - das ist errettender Glaube! Sehen Sie den Unterschied? Zu glauben, dass Gott die Welt so geliebt hat, dass er seinen einziggezeugten Sohn gab, ist nicht genug. Sie können den ersten Teil des Verses glauben und glauben, dass all das wahr ist. Doch das hilft Ihnen gar nichts, solange Sie nicht an den glauben, den Gott gab. Das ist ein sehr wichtiger Punkt. Einfach nur zu akzeptieren, dass Christus für unsere Sünden starb, wird Sie nicht erretten! An den Christus zu glauben, der für unsere Sünden starb, schon. Und an jemanden glauben bedeutet zweierlei: dass man ihm vertraut und bereit ist, ihm zu gehorchen. Vertrauen und Gehorsam sind Teil davon, dass man an jemanden glaubt. Einfach nur ein christliches Glaubensbekenntnis zu akzeptieren reicht also nicht aus. Und auch einfach nur anzunehmen, dass Christus für unsere Sünden starb, reicht nicht aus. Dem Christus, der für Ihre Sünden starb, zu vertrauen und zu gehorchen, schon. Das kleine Wort „an" in „... der an ihn glaubt" ist deshalb von eminenter Bedeutung!

„VERLOREN GEHT" (engl. perish)

Nun zum Wort „verloren gehen". Es hört sich an, als sei es ein sehr schwaches Wort, ein Wort, dem es an echter Kraft fehlt. Bei dem in englischen Bibeln verwendeten Begriff „perish" denke ich an eine Wärmflasche, die nicht mehr ganz dicht ist, oder an einen Autoreifen, der immer mehr von seinem Profil verliert, so dass das darunter liegende Gewebe durchzuscheinen beginnt; es bezeichnet etwas, das in einem langsamen Prozess kaputtgeht. Doch ist es das, was der Begriff „perish" wirklich bedeutet? Bezeichnet er nur etwas, das allmählich immer schlechter wird. In Wirklichkeit ist das Gegenteil der Fall. Hier haben wir ein sehr starkes Wort. Es ist ein Wort, das an anderen Stellen normalerweise mit „zerstören" übersetzt wird. Und es ist ein Wort, das so viel bedeutet wie „in einem Akt der Zerstörung zerstört werden". Es bedeutet „vernichtet werden". Es bedeutet, dass etwas für den Zweck, zu dem es geschaffen wurde, unbrauchbar gemacht wird. Als eines Tages eine Frau zu Jesus kam und das kostbare Salböl über ihm ausgoss, kommentierte Judas Ischariot das mit dieser Formulierung, was so viel bedeutete wie: Jetzt ist es ruiniert; man kann es nie wieder gebrauchen; wir werden es nie mehr verkaufen können; es ist weg. Es ist vergeudet.

Das hier im Englischen statt „verloren gehen" verwendete Wort

IST JOHANNES 3,16 DAS EVANGELIUM?

„perish" bedeutet „ruinös werden" oder „dem Ruin verfallen". Ja noch mehr: Dieses Verb bedeutet ruiniert und dabei von jemandem zerstört werden. Es steht im Passiv und somit heißt es hier genau genommen nicht „wird nie verloren gehen" oder „wird nie zugrunde gehen", sondern „wird nie zerstört werden". Es ist dasselbe Wort wie in Matthaus 10,28, wo Jesus sagt: „Und fürchtet euch nicht vor denen, die den Leib töten, die Seele aber nicht zu töten vermögen; fürchtet aber vielmehr den, der sowohl Seele als auch Leib zu verderben (oder „zu zerstören") vermag in der Hölle!" Hier haben wir wieder genau dasselbe Wort. Es ist ein sehr starkes Wort, das beschreibt, dass Gott jemanden ruiniert, so dass er für immer unbrauchbar sein wird. Es ist ein entsetzliches Wort. Es bedeutet nicht einfach nur, dass etwas immer schlechter wird oder sich abnutzt. Es bedeutet, dass jemand ruiniert und total und restlos zerstört und für den Zweck, zu dem er gemacht wurde, komplett unbrauchbar gemacht wird. Es bedeutet nicht, dass jemand zu existieren aufhört. Es bedeutet, dass man in einem ruinierten Zustand, in der kompletten Unbrauchbarkeit, existiert. Ich erwähne das, weil unter Evangelikalen eine neue Lehre aufgetaucht ist, die besagt, die Hölle sei der Ort, an dem man zu existieren aufhöre. Man nennt das „Auslöschungslehre". Sind Ihnen diese Gedanken schon einmal irgendwo begegnet? Wenn die Hölle darin besteht, dass die Existenz des Menschen aufhört, dann ist das eine gute Nachricht für alle Sünder! Nach einem Leben voller Sünde, Laster und Verbrechen einfach schlafen gehen und nicht mehr aufwachen - das ist nun wirklich keine Bestrafung, nicht wahr? Man versinkt in der Vergessenheit und die Befürworter dieser Theorie gründen sie auf dieses Wort „zerstören". Doch um Klarheit zu bekommen, was das Wort wirklich bedeutet, sollten Sie sich eine Burgruine vor Augen führen, die Sie schon einmal besichtigt oder zumindest auf einem Foto gesehen haben. Das hilft uns, das richtige Bild zu bekommen, was das Wort tatsächlich vermittelt. Wenn Sie eine Burgruine besichtigen, dann ist diese Ruine ja immer noch vorhanden. Man kann sie sehen. Sie existiert. Aber sie ist heute für den Zweck, zu dem sie gebaut wurde, absolut überhaupt nicht mehr zu gebrauchen. Das Wort bedeutet nicht „ausgelöscht werden"; es bedeutet „völlig unbrauchbar gemacht werden". Und die Hölle wird von Menschen bevölkert sein, die Gott zerstört hat, in dem Sinne, dass sie durch und durch und absolut unbrauchbar gemacht worden sind.

„EWIGES"

Gelehrte streiten sich über das Wort „ewig", das hier verwendet wird. Einige meinen, es sei ein Wort, das Quantität ausdrückt, während andere darin ein Wort sehen, bei dem es um Qualität geht. Wenn man an Quantität denkt, wird es mit „immerwährend" übersetzt, also ein Leben, das bis in alle Ewigkeit währt. Andere behaupten hingegen, „ewiges" Leben stehe für ein Leben guter Qualität, ein Leben, das lebenswert ist. Die ganze Diskussion um Euthanasie dreht sich ja um die Frage, ob ein Leben lebenswert ist. Bedeutet „ewig" also auch „lebenswert"? Ich denke, die Antwort lautet, dass es sowohl um die Quantität als auch um die Qualität des Lebens geht. Es bedeutet sowohl „immerwährend" als auch „in Fülle". Es ist beides in diesem Wort verpackt. Es wird ein Leben sein, das bis in alle Ewigkeit weitergeht. (Doch ein Leben, das bis in Ewigkeit weitergeht, wäre, offen gesagt, für manche Leute die Hölle.) „Ewiges" Leben bedeutet Leben in einer Qualität, das jeden Augenblick lebenswert und lohnend macht.

„LEBEN"

Das Wort „Leben" ist der Blickfang in diesem Vers. Natürlich ist es das Gegenteil von Tod. Es ist das Gegenteil von „ruiniert" oder „zerstört werden". Es bedeutet ein Leben, das voll und ganz brauchbar sein wird; ein Leben, das den Zweck erfüllen wird, zu dem es geschaffen wurde; ein Leben, das durch und durch zufriedenstellend sein wird. Es steht also im direkten Gegensatz zu „verloren gehen" bzw. „zerstört werden", d.h., dass man nicht

IST JOHANNES 3,16 DAS EVANGELIUM?

aufhört zu existieren, sondern durch und durch unbrauchbar sein wird. Es bedeutet, dass man absolut brauchbar sein wird. Das schenkt Zufriedenheit.

Wir haben uns nun einige Wörter in Johannes 3,16 angesehen; nun müssen wir weitergehen zur Grammatik dieses Verses und genau das ist der Punkt, an dem wir wirklich ins Detail gehen und einige höchst erstaunliche Entdeckungen machen werden. In der Schule habe ich Grammatik nie gemocht, doch heute weiß ich sie wirklich zu schätzen, weil sie einem verstehen hilft, wie Wörter verbunden werden - auf welchen Wörtern die Hauptbetonung liegt, was der gesamte Satz aussagt, was der Hauptsatz und was der Nebensatz ist. Sie hilft einem, Sätze in ihre Bestandteile zu zerlegen und herauszufinden, wie die einzelnen Teile zusammenhängen. Das ist sehr wichtig.

Der spezielle grammatikalische Aspekt, den ich gerne ansprechen möchte und der ein Schlüssel zum Verständnis dieses Verses ist, sind die so genannten Zeitformen der Verben. Die Zeitformen der Verben sind sehr wichtig. So neigen wir beispielsweise dazu, mit drei einfachen Zeitformen zu arbeiten - der Vergangenheit, der Gegenwart und der Zukunft: Ich sprach mit meiner Frau, bevor ich heute zu schreiben begann; ich schreibe jetzt gerade; und ich werde wahrscheinlich wieder mit ihr sprechen, wenn ich damit aufgehört habe, Zeilen auf Papier zu schreiben. Ich habe soeben eine Vergangenheits-, eine Gegenwarts- und eine Zukunftsform verwendet und Sie haben ganz genau verstanden, was ich meine: die Vergangenheitsform für etwas, das ich in der Vergangenheit tat; die Gegenwartsform für etwas, das ich jetzt tue; und die Zukunftsform für etwas, das ich wahrscheinlich in der Zukunft tun werde. Die griechische Sprache hat auch ihre Vergangenheits-, Gegenwarts- und Zukunftsformen, unterscheidet jedoch viel genauer als wir zwischen diesen einzelnen Zeitformen. Und so gibt es eine ganz spezielle Form, mit der ich Sie nun bekanntmachen möchte (und ich werde versuchen, an diesem Punkt so einfach und geradlinig vorzugehen wie nur irgend möglich): Im Griechischen beziehen sich manche Verben, die in der Vergangenheitsform stehen, auf etwas, das nur einmal geschah, während andere Zeitformen etwas umschreiben, das sich wiederholt oder kontinuierlich in der Vergangenheit ereignete.

Im Englischen wie im Deutschen kennen wir eine derart genaue Unterscheidung nicht. So enden viele unserer Verben in der einfachen Vergangenheitsform mit der Endsilbe „-e", doch wenn man ein Verb hat, das mit „-e" endet, weiß man noch lange nicht, ob sich das, was das Verb umschreibt, einmal oder mehrmals ereignete. Wenn ich beispielsweise zu Ihnen sage, dass das neue Schiff mit dem Namen „Queen Mary II" in Southampton ablegte, welche dieser beiden Bedeutungen meine ich dann - dass es das einmal tat oder regelmäßig? Man weiß es nicht. Diese Vergangenheitsform „ablegte" sagt einem nicht, ob ich nun gemeint habe, das Schiff habe einmal in Southampton abgelegt oder - und das wäre die Alternative - ob ich andeuten wollte, Southampton sei der Heimathafen dieses Schiffes gewesen und somit habe es regelmäßig dort abgelegt.

Oder wenn ich sagen würde: „Ich hatte Cornflakes zum Frühstück", dann bliebe wiederum unklar, ob dies einmal oder regelmäßig der Fall war. Das Griechische würde einem in jedem der genannten Beispiele ganz genau sagen, ob nun „einmal" oder „mehrmals" gemeint ist. Wenn die Griechen über etwas Vergangenes sprachen, hatten sie eine Zeitform, die besagte, dass etwas regelmäßig geschah, und eine andere Zeitform, die darauf hinwies, dass etwas nur einmal geschah. Welche Zeitform wird Ihrer Meinung nach für das Verb „gekreuzigt" verwendet? Christus wurde gekreuzigt - einmal, weil das nämlich nur ein einziges Mal geschah. Die Zeitform, die dies ausdrückt, nennt man Aorist, und immer, wenn in einem Text der Aorist steht, weiß man, dass sich etwas ein einziges Mal ereignete.

Die andere Zeitform, mit der ich Sie gerne bekanntmachen möchte, ist die Gegenwart; die genaue griechische Form, um

IST JOHANNES 3,16 DAS EVANGELIUM?

die es mir hier geht, ist die Verlaufsform der Gegenwart. Sie beschreibt etwas, das Sie jetzt gerade tun und auch weiterhin kontinuierlich tun werden. Vor diesem Hintergrund erscheinen viele Bibelstellen in einem völlig neuen Licht. So sagte Jesus zum Beispiel nicht: „Bittet, und es wird euch gegeben werden; sucht, und ihr werdet finden; klopft an, und es wird euch aufgetan werden!" Die Verben in diesem Vers stehen allesamt in der Verlaufsform der Gegenwart; im Deutschen müssen wir Wörter wie „kontinuierlich", „anhaltend" oder „weiterhin" einfügen, um diesen Sinn ausdrücken zu können. Jesus sagte in Wirklichkeit: „Bittet weiterhin, und es wird euch gegeben werden; sucht weiterhin, und ihr werdet finden; klopft weiterhin an, und es wird euch geöffnet werden!" Also: Tut es nicht nur einmal, sondern macht weiter damit! Am Ende des Johannesevangeliums erscheint Jesus nach seiner Auferstehung Maria im Garten vor dem Grab. In der deutschen Bibel heißt es hier: „Jesus spricht zu ihr: Rühre mich nicht an!" Doch auch dieses Verb „anrühren" steht in der Verlaufsform der Gegenwart; also sagte Jesus eigentlich: „Rühre mich nicht weiterhin an!" Wenn man „Rühre mich nicht an!" liest, dann gibt es Prediger, die sagen, dass man den Auferstehungsleib Jesu nicht anfassen konnte und er Maria verbot, ihn zu berühren. Doch dem ist nicht so. Er sagte vielmehr: „Hör auf, mich anzurühren (bzw. zu berühren). Häng dich nicht an mich, denn ich gehe zu meinem Vater."

Nun möchte ich einen Blick auf die Verben werfen, die in Johannes 3,16 verwendet werden. Nun raten Sie einmal, in welcher Zeitform das Verb „gab" steht. Die Antwort lautet: im Aorist. Gott gab seinen Sohn nur einmal; er gab ihn nicht kontinuierlich. Er gab ihn nur einmal, zu einem einzigen Anlass - so wichtig dieser Anlass auch war, so war es dennoch nur einmal. Ich möchte nur darauf hinweisen, dass es hier nicht heißt: „Gott gibt weiterhin ..." Er gab seinen Sohn einmal - nur einmal. Das Wort „verloren gehen" bzw. „dem Ruin verfallen" steht ebenfalls im Aorist. Das geschieht auch nur einmal. Ein Mensch wird nur einmal zerstört und das ist dauerhaft; er wird nur einmal ruiniert. Dies bedeutet, nebenbei bemerkt, dass Johannes 3,16 davon spricht, dass Gott Menschen zerstört; also müssen wir das „hat die Welt geliebt" vor diesem Hintergrund verstehen. Es ist derselbe Gott, der zerstört, derselbe Gott, der sie zugrunde gehenlässt.

Wir haben hier also zwei Aorist-Formen, die von vielen Menschen als Verlaufsformen der Gegenwart interpretiert werden. Gott gibt nicht weiterhin und er zerstört auch nicht weiterhin. Er tut beides nur einmal.

Doch nun kommen wir auf zwei Verben zu sprechen, die tatsächlich in der Verlaufsform der Gegenwart stehen. Das erste und eins der wichtigsten ist „glaubt". Es steht in der Gegenwart. Es heißt nicht: „... jeder, der einmal an ihn glaubte ...", sondern: „... jeder, der weiterhin an ihn glaubt ..." Das ist ganz typisch für das Johannesevangelium. Wenn er das Wort „glauben" verwendet, setzt er es in die Verlaufsform der Gegenwart, weil er es als etwas ansieht, das man weiterhin bzw. kontinuierlich tut. Ein Glaubensschritt allein dient noch nicht zur Rettung eines Menschen. Er wird dadurch gerettet, dass er weiterhin glaubt. Glaube ist etwas Kontinuierliches und deshalb kann man auch nicht sagen: „Nun, ich habe einmal geglaubt und deshalb bin ich errettet." Nein, Sie glauben weiter! „Jeder, der weiterhin an ihn glaubt ..." Der Glaube ist eine kontinuierliche Beziehung des Vertrauens und Gehorsams. Wenn Sie aufhören zu glauben, dann hören Sie auch auf, ein Gläubiger zu sein und können dem Unglauben anheimfallen. Darüber spricht Paulus sehr ausführlich in Römer, Kapitel 11. Er sagt, dass einige Juden „herausgeschnitten" worden seien und „... auch du wirst herausgeschnitten werden, wenn du nicht an der Güte Gottes bleibst." Nicht der Glaube, den Sie vor zwanzig Jahren hatten, wird Sie retten, sondern der Glaube, den Sie am Ende haben werden; entscheidend ist nicht der Glaube am Start, sondern der Glaube am Ziel.

Das ist eine ganz elementare Lehre, die uns Einblick schenkt, was „glauben" in der Bibel wirklich bedeutet. Dieses Verb

IST JOHANNES 3,16 DAS EVANGELIUM?

„glauben" steht in aller Regel in der Verlaufsform der Gegenwart. Es bedeutet deshalb eigentlich „... jeder, der weiterhin an ihn glaubt ..." Es heißt nicht „jeder, der glaubte" (in der Vergangenheitsform), sondern „jeder, der jetzt gerade glaubt" (in der Gegenwartsform) „jeder, der weiterhin glaubt". Stellen Sie sich vor, Sie kommen am Schauplatz eines Verkehrsunfalls vorbei; jemand liegt am Boden, daneben ein Motorrad, das sich überschlagen hat. Sie nähern sich der Szene und jemand sagt zu Ihnen: „Er atmet ..." Wenn Sie das hören, gehen Sie davon aus, dass er kontinuierlich atmet: „Er atmet noch" oder „Er atmet weiterhin" - Verlaufsform der Gegenwart. Wenn man zu Ihnen sagen würde: „Er atmete ..." bzw. „Er hat geatmet ...", also in der Vergangenheitsform, würden Sie davon ausgehen, dass er tot ist, also dass er nicht mehr atmet; doch wenn es heißt: „Er atmet" (Gegenwartsform) bzw. „Er atmet noch", dann wissen Sie, dass sich das auf etwas Kontinuierliches bezieht.

Beim nächsten Verb wartet eine echte Überraschung auf uns: „hat": „... damit jeder, der an ihn glaubt (oder: „jeder, der kontinuierlich an ihn glaubt" oder: „jeder, der weiterhin an ihn glaubt"), weiterhin ewiges Leben haben wird." Ändert das in Ihren Augen den Sinn dieses Verses ein wenig? In meinen Augen schon! Jene, die weiterhin glauben, haben weiterhin Leben. Jene, die nicht weiterhin glauben, werden auch nicht weiterhin Leben haben. Ich werde später noch einmal darauf zu sprechen kommen, doch das ist der springende Punkt, um Johannes 3,16 richtig verstehen zu können. Jene, die weiterhin glauben, werden weiterhin Leben haben; deshalb werden jene, die nicht weiterhin glauben, ihr Leben verlieren. Das ist ein sehr wichtiger Punkt. Man kann das ewige Leben verlieren. Wie kann so etwas geschehen? Wir werden später darauf zurückkommen.

Nun kommen wir zur größten Überraschung überhaupt - einer Überraschung, die für Sie mehr als alles andere den Sinn dieses Verses ändern wird. Raten Sie mal, in welcher Zeitform das Verb „geliebt" steht. Ist mit „geliebt" einmal gemeint, also zu einem bestimmten Anlass, oder steht auch dieses Verb in der Verlaufsform und bezeichnet etwas Kontinuierliches? Die Antwort lautet:

„Denn so hat Gott die Welt geliebt ..." steht in der Zeitform des Aorist. Wenn Sie sich mit den Zeitformen griechischer Verben auskennen, können Sie gerne nachprüfen, was ich hier sage. Der Aorist bedeutet, dass Gott zu einem bestimmten Anlass die Welt einmal liebte. Doch wie viele Menschen gibt es, die beim Lesen von Johannes 3,16 die Verbform „hat geliebt" augenblicklich und intuitiv in ihren Gedanken in „liebt" ändern?! Augenblicklich denken sie an eine kontinuierliche Beziehung zwischen Gott und der Welt, die weiter und immer weiter geht. Ich habe sogar schon gehört, wie Prediger diese Stelle zitieren und sagen: „Denn so liebt Gott die Welt ...", so als stünde das Verb in der Verlaufsform der Gegenwart. Doch das stimmt nicht. Der Vers besagt, dass Gott zu einem bestimmten Anlass, einmal im Lauf der Geschichte, die Welt mit agape-Liebe liebte. Vergessen Sie nicht, dass „agape" bedeutet, dass man tätig wird, um etwas gegen eine Not zu unternehmen - dann können Sie auch verstehen, warum das Wort „geliebt" nicht in der Verlaufsform der Gegenwart steht. Doch die meisten Leute schlagen Johannes 3,16 auf und sagen:

„Hier haben wir den biblischen Beweis dafür, dass Gott immerfort jeden Menschen liebt." Doch das steht hier nicht. Hier steht, dass er einmal, zu einer bestimmten Gelegenheit, zugunsten unseres rebellischen, sündhaften Menschengeschlechts eingriff - und Preis und Ehre sei ihm dafür, dass er das tat! Aber verstehen Sie, worauf ich hinauswill? Wir können die Vorstellung, Gott liebe jeden oder er liebe uns immer oder was die Leute ausdrücken wollen, wenn sie von der „bedingungslosen Liebe Gottes" sprechen, nicht auf diesem Vers aufbauen. Das steht nicht im Text.

Das ist wirklich eine große Überraschung. Wenn wir nicht aufpassen, neigen wir dazu, die Zeitformen der Verben in diesem Vers auf den Kopf zu stellen und dann lesen wir „geliebt" im Sinne von „immerfort" und „glaubt" im Sinne von „einmal". So wie dieser Vers gepredigt wird, hört er sich beinahe wie folgt an:

IST JOHANNES 3,16 DAS EVANGELIUM?

„Gottes Liebe ist die ganze Zeit über da; man braucht nichts weiter zu tun als in einem einzigen Augenblick einen einfachen Schritt des Glaubens zu gehen und schon hat man ewiges Leben." Doch das ist alles andere als das, was hier steht. Das stellt die Verben auf den Kopf. Es heißt vielmehr: „Denn so hat Gott die Welt (einmal)] geliebt ... damit jeder, der (kontinuierlich) an ihn glaubt, nicht (einmal) verloren geht, sondern (kontinuierlich) ewiges Leben hat." Das erklärt auch den scheinbaren Widerspruch zu 1. Johannes 2,15, wo es heißt: *„Liebt nicht die Welt noch was in der Welt ist! Wenn jemand die Welt liebt, ist die Liebe des Vaters nicht in ihm."* Das Wort „Liebe" in diesem Vers ist „agape", aber es steht in der Verlaufsform der Gegenwart. Dieser Vers gilt jenen, die weiterhin kontinuierlich ihre Aufmerksamkeit auf die Welt richten und sich weiterhin in sie verwickeln lassen. Der Gegensatz besteht also zwischen Johannes 3,16, wo Gott die Welt einmal geliebt hat, und dem Johannesbrief, wo es heißt:

„Liebt nicht (weiterhin) die Welt noch was in der Welt ist!" Gott hat die Welt nicht weiterhin bzw. kontinuierlich geliebt; er hat sie einmal geliebt und alles getan, was notwendig war, um der Not der Welt Abhilfe zu schaffen. Damit bündelt sich seine Liebe in einem einzigen Ereignis und deshalb sagt Paulus auch, wenn er an die Christen in Rom schreibt: „Gott aber erweist seine Liebe zu uns darin, dass Christus, als wir noch Sünder waren, für uns gestorben ist" (Röm 5,8).

Gottes Liebe ist weder allgemein noch diffus noch ohne Ziel; sie ist weder vage noch querbeet. Gottes Liebe hat immer ein Ziel, einen Brennpunkt. Sie bündelt sich im Kreuz Jesu; sie bündelt sich in ihm, wie er unserer Not Beachtung schenkt und dann etwas Radikales tut, um dieser Not Abhilfe zu schaffen.

Kapitel 3

DER GOTT, DER TÖTET

Vielleicht haben Sie den Eindruck, wir hatten uns nun in angemessener Art und Weise und erschöpfend mit Johannes 3,16 beschäftigt, nachdem wir diesem Vers so große Aufmerksamkeit geschenkt haben, doch dieser Eindruck täuscht. Es gibt noch vieles, was dazu gesagt werden muss. Bislang haben wir die beiden kürzesten Wörter in diesem Vers vernachlässigt und es wird sich zeigen, dass sie die wichtigsten überhaupt sind. Das eine Wort hat vier Buchstaben, das andere zwei. Das Wort mit vier Buchstaben ist „denn". Ist es Ihnen überhaupt schon mal aufgefallen? „Denn so hat Gott die Welt geliebt ..." Warum steht es hier überhaupt? Das muss doch einen Grund haben.

Wir werden zudem noch herausfinden, dass das wichtigste (und am häufigsten missverstandene) Wort, das aus nur zwei Buchstaben bestehende Wörtchen „so" ist.

„DENN"
Zunächst geht es uns um das Wort „denn". Warum steht dieses Wort hier? Was bedeutet es, wenn man einen Satz mit „denn" beginnt? Vielleicht haben Sie sich diese Frage noch nie gestellt. Die meisten Leute machen sich keine Gedanken darüber. „Denn" ist normalerweise ein Wort, das eine Verknüpfung mit dem vorangegangenen Satz herstellt. „Denn" weist darauf hin, dass man nun etwas vertieft oder erweitert oder erklärt oder einen Schritt weiter geht. Das bedeutet, dass Vers 16 ohne die Verse 15 und 14 keinen Sinn ergibt, da 14 und 15 zusammen einen Satz bilden. Vers 16 beginnt nicht einfach mit den Worten „So hat Gott die Welt geliebt ...", sondern mit: „Denn so hat Gott die

IST JOHANNES 3,16 DAS EVANGELIUM?

Welt geliebt ..." Deshalb müssen wir uns fragen, was hier vertieft oder erklärt wird.

„SO"

Wenn wir uns mit diesem Wort „so" befassen, das uns am meisten in die Irre führt und am häufigsten falsch verstanden wird, muss zunächst einmal ganz offen gesagt werden, dass die englischen und deutschen Übersetzungen das Wort „so" an die falsche Stelle setzen. Im Griechischen steht es direkt am Anfang des Satzes und in der griechischen Sprache wird das erste Wort in einem Satz am stärksten betont und hat deshalb auch die größte Bedeutung. Wörtlich heißt es im Griechischen: „So denn hat Gott die Welt geliebt ..." Also was bedeutet „so"?

Bedauerlicherweise setzt der Leser fast immer in Gedanken ein zusätzliches Wort nach „so" ein. Gott hat die Welt so sehr oder so fest geliebt, dass er seinen einzig-gezeugten Sohn gab ..." Doch das Wort „so" bedeutet etwas völlig anderes. Sogar die englische Amplified Bible bringt es falsch rüber. Dort heißt es:

„Denn Gott hat die Welt so sehr geliebt und so wertgeschätzt, dass ..." Und wiederum ist es genau das, wozu man in Gedanken neigt, wenn man das Wort „so" im Zusammenhang mit „Gott" liest. Das Wort „so" bedeutet nicht „so sehr", „so fest" oder „so tief". Das griechische Wort bedeutet wörtlich „in dieser Weise" oder „in genau derselben Weise". Er hat es genau so getan. Und damit nähern wir uns auch der eigentlichen Bedeutung: Er hat es auf diese Weise getan. Genau so hat er es gemacht. So muss man das Wort „so" verstehen. „Denn so" (hat Gott die Welt geliebt);

„denn in dieser Weise" (hat Gott die Welt geliebt); „denn in genau derselben Weise" (hat Gott die Welt geliebt). Spüren Sie, was damit eigentlich gemeint ist? Es ist nicht „denn so sehr" gemeint oder „so tief" oder „so fest" (hat Gott die Welt geliebt). Man neigt dazu, das Wort „so" folgendermaßen zu lesen: „Gott hat die Welt soooo geliebt, dass ..." Und die meisten Leute verstehen diese Passage auch so, aber das ist nicht gemeint; es heißt „so" im Sinne von „in dieser Weise". „So" hat Gott die Welt geliebt, im Sinne von: „So hat er es gemacht".

Damit kommt natürlich ein völlig anderer Sinn heraus. Wir könnten statt „so" „genau so" oder „in dieser Weise" sagen und wenn wir einen Blick auf die beiden vorangehenden Verse werfen, dann heißt es dort: „Und wie Mose in der Wüste die Schlange erhöhte, so ... (hier haben wir wieder dieses Wort) ... genau so muss der Sohn des Menschen erhöht werden." Also: „ebenso" bzw. „in dieser Weise" oder „in derselben Weise". Es ist dasselbe Wort wie in Vers 16 und deshalb könnte man es dort auch folgendermaßen übersetzen: „Denn ebenso bzw. in dieser Weise hat Gott die Welt geliebt ..."

Es ist kein Wort, das eine Quantität angibt; es ist ein Wort, das einen Vergleich zieht: Dies ist geschehen und genau so, in derselben Weise, ist auch das geschehen.

All das bedeutet, dass die Worte „denn" und „so" Vers 16 mit dem verknüpfen, was vorausgegangen war. Aus diesem Grund sage ich, dass man Vers 16 nicht für sich alleinstehend begreifen kann. „Denn in dieser Weise ..." „Denn in derselben Weise ..." Wir können das Wort „denn" auch mit „in der Tat" übersetzen. Das ist auch eine Verknüpfung, die darauf hinweist, dass man nun etwas vertiefen oder erklären wird. „In der Tat hat Gott in derselben Weise die Welt geliebt ..." In derselben Weise wie was? Nun, in derselben Weise wie das, was zuvor erwähnt wurde. Hier haben wir also einen klassischen Fall für einen Text, der unbedingt seinen Kontext braucht. „Gott hat die Welt in derselben Weise geliebt wie ..." (zu einem früheren Anlass, bei dem er etwas tat). Mit anderen Worten: Vers 16 ist der zweite Anlass, bei dem Gott etwas aus Liebe heraus tat. Was war der erste Anlass? Sowohl „denn" als auch „so" beziehen sich also auf den Kontext.

Bevor wir einen Schritt weiter gehen, möchte ich gerne einmal Vers 16 auf der Grundlage dessen, was wir bislang herausgefunden haben, übersetzen. Diese Übersetzung könnte in etwa so klingen:

IST JOHANNES 3,16 DAS EVANGELIUM?

In der Tat ist Gott, der Vater, in genau derselben Weise in Liebe zu einem anderen Anlass tätig geworden, diesmal für die ganze rebellische Menschheit, indem er seinen einzigen leiblichen Sohn opferte, so dass alle, die ihm weiterhin vertrauen und gehorchen, niemals unwiderruflich ruiniert werden würden, sondern weiterhin ewiges und überfließendes Leben haben. Das ist mehr eine Paraphrase als eine wörtliche Übersetzung, aber sie vermittelt das, was wir bereits in diesem Vers entdeckt haben.

Gehen wir nun über den eigentlichen Vers hinaus und erkunden wir den Kontext. Was war dieser „frühere Anlass", zu dem Gott etwas Ähnliches tat? Wir müssen diese Frage stellen, weil Vers 16 beginnt mit: „In der Tat, in genau derselben Weise, wurde Gott aus Liebe heraus tätig, in genau derselben Weise wie zu einem früheren Anlass ..." und die Verse 14 und 15 berichten, wie Gott zu einem früheren Anlass in einer ganz ähnlichen Weise etwas aus Liebe heraus tat. Vers 14 und 15 bilden zusammen, wie ich bereits erwähnte, einen Satz, den man eigentlich nicht in zwei Verse unterteilen sollte. Hier wird von etwas berichtet, das man im Detail im 4. Buch Mose, Kapitel 21, nachlesen kann.

Wir wollen uns kurz diese Szene vor Augen führen. Sechshunderttausend Männer - dazu eine nicht näher genannte Anzahl Frauen und Kinder -, also insgesamt über zwei Millionen Leute, sitzen ohne etwas zu essen und ohne Wasser in einer Wüste fest und es war ganz und gar ihr eigenes Verschulden, dass sie überhaupt dorthin gekommen waren. Es sind die Kinder Israels in der Wüste Sinai. Es war Folgendes geschehen: Sie waren Gott am Berg Sinai begegnet; Gott hatte mit ihnen eine Trauzeremonie gefeiert; sie hatten „Ja" gesagt und er hatte „Ja" gesagt und sie wurden als Gott und Israel miteinander verheiratet. Gott hat ihnen seine Gebote gegeben - also wie er möchte, dass sie leben - und dann hat er gesagt: Und jetzt geht hin und nehmt das Verheißene Land in Besitz, das ich euch gebe. Wir wissen, dass man in weniger als zehn Tagen vom Berg Sinai ins Verheißene Land kommt. Sie hätten in weniger als zwei Wochen dort sein können, doch als sie an einen Ort kamen, der Kadesch Barnea heißt, bekamen sie kalte Füße. Sie sagten: „Wir sollten Spione aussenden, die etwas über dieses Verheißene Land herausfinden, bevor wir hineingehen." Und sie suchten sich zwölf Männer aus, je einen aus jedem Stamm. Diese gingen hinein ins Verheißene Land und kamen mit herrlich saftigen Weintrauben zurück. Sie berichteten:

„Es ist ein Land, in dem Milch und Honig fließen; es ist ein wunderbares Land, doch die Mauern der Städte reichen schier bis zum Himmel und die Leute dort sind viel größer als wir; es sind Riesen und wir werden das Land nie einnehmen. Keine Chance!" Zehn der zwölf Spione, die gegangen waren, sagten genau das, doch zwei von ihnen sagten: „Gehen wir hinein!"

Gott sagte: „Ich werde euch hineinführen und ich werde euch auf meinen Schultern tragen, damit ihr größer seid als die Riesen." Sie glaubten es immer noch nicht. Natürlich hatten sie damals noch nicht die Mauern von Jericho fallen sehen. Sie stimmten darüber ab und sagten: „Wir bleiben hier. Wir gehen nicht hinein." Dies hatte zur Folge, dass sie vierzig Jahre lang in der Wüste herumzogen – eine ganze Generation lang – und die einzigen, die in das Verheißene Land hineinkamen, waren die beiden Spione, die gesagt hatten: „Wir können es schaffen."

Da waren sie nun und saßen seit vierzig Jahren in der Wüste fest, ohne etwas zu essen und ohne Wasser. Doch Gott beschloss, Erbarmen mit ihnen zu haben und gab ihnen jeden Tag zu essen, ausreichend Vitamine, Mineralien, Kohlehydrate und Proteine, und alles verpackt in kleinen runden essbaren Kugeln, die jeden Morgen auf den Wüstenboden fielen. Jeden Freitag fielen doppelt so viele herab, damit sie am darauffolgenden Tag nicht hinausgehen und sie aufsammeln mussten. (Damit ist auch belegt, dass es ein Wunder war, weil keine der wissenschaftlichen Erklärungen die Tatsache berücksichtigt, dass es an den Freitagen die doppelte Portion gab!) Wie dem auch sei – sie nannten das Essen „Was ist das?", auf Hebraisch „manna". Sie hatten „Was

IST JOHANNES 3,16 DAS EVANGELIUM?

ist das?" zum Frühstück, „Was ist das?" zu Mittag, „Was ist das?" zum Abendessen. Die Kinder haben vielleicht gesagt: „Was ist das?" zu Mittag, Mama?" „Ja! Und „Was ist das?" auch zum Abendessen."

Es war eine zweckmäßige Ernährung, die sie gesund und fit erhielt, doch sie fingen an, sich darüber zu beschweren. Sie hatten dieses „Was ist das?" satt und wünschten sich immer mehr, wieder in der Sklaverei in Ägypten zu sein, weil sie dort Knoblauch und Gewürze gehabt hatten. Sie hatten interessante Dinge zu essen gehabt und murrten nun über das Essen, das Gott ihnen gab, obwohl es sie am Leben erhielt und sie hätten eigentlich gar keinen Bedarf daran haben sollen, weil sie in das Verheißene Land hätten gehen sollen, als er es ihnen sagte. Es ist durch und durch ihr eigener Fehler, aber Gott hat Mitleid mit ihnen und gibt ihnen zu essen. Dennoch murren sie. Sie gingen zu Mose und sagten: „Wir haben dieses Essen satt. Warum hast du uns aus Ägypten herausgeführt? Und Gott kannst du auch gleich sagen, dass wir die Nase voll haben!"

Wegen dieser Sünde der Undankbarkeit war Gott zornig auf sie. Er gab ihnen zu essen und Wasser aus dem Felsen. Obwohl sie aus eigenem Verschulden dort waren und halsstarrig waren und es ihnen an Glauben an Gott fehlte, erhielt er sie am Leben. Doch hier saßen sie nun und murrten. Also schickte Gott ihnen Giftschlangen, durch deren Biss viele Leute starben. Diese Schlangen waren so giftig und so zahlreich, dass die Überlebenden zwei und zwei zusammenzählten und sagten: „Das ist kein Naturphänomen, das ist Gott. Er tötet uns wegen unserer Undankbarkeit" und bekannten dies vor Mose. Sie gingen zu ihm und sagten: „Mose, wir haben gesündigt und wir wissen es auch. Wir haben gegen dich gesündigt; wir haben gegen Gott gesündigt. Bitte ihn doch, die Schlangen wieder wegzunehmen."

Der springende Punkt an dieser Geschichte ist folgender: Gott weigerte sich, die Schlangen wegzunehmen. Er sagte: „Nein, die Schlangen bleiben und sie werden weiterhin die Leute beißen und die Leute werden weiterhin sterben. Was ich allerdings tun werde, ist Folgendes: Ich werde ihnen eine Möglichkeit schaffen, wie sie dem Tod entrinnen können. Ich werde die Schlangen nicht wegnehmen, aber Mose, ich möchte, dass du Folgendes tust: Mach eine Schlange aus Bronze und befestige sie an einem langen Pfahl; dann geh auf den Hügel, der dem Lager am nächsten ist und von dem aus man auf das Lager hinab sieht und pflanze den Pfahl mit der Schlange daran dort oben auf dem Hügel auf. Und dann sag den Leuten: „Sobald ihr gebissen werdet, geht hinauf und schaut auf diese Schlange und das Gift wird euch nicht töten."

Das ist ein sehr wichtiger Punkt. Gott hat die Schlangen nicht weggenommen. Die Leute waren nach wie vor ständig in Todesgefahr, aber er hatte ihnen einen Ausweg gezeigt. Es heißt, wenn jemand, der gebissen wurde, den Hügel hinaufging und diese Schlange aus Metall ansah, verlor das Gift seine Kraft zu töten und die betroffene Person wurde geheilt. Das ist die Geschichte von jenem ersten Anlass, zu dem Gott aus Liebe tätig wurde. Und in genau derselben Weise liebte Gott die rebellische Welt und gab seinen Sohn. Jesus selbst zieht diese Parallele: „Wie Mose in der Wüste die Schlange erhöhte, so muss der Sohn des Menschen erhöht werden."

Was leiten wir nun aus dieser erstaunlichen Verknüpfung zwischen Johannes 3,16 und diesem grimmigen Ereignis in der Geschichte Israels ab? Die erste - und noch dazu wichtigste - Folgerung, die ich daraus ziehen würde, ist folgende: Der Gott Israels ist der Gott und Vater von Jesus; derselbe Gott, der Gott des Alten Testaments, ist der Gott des Neuen Testaments und umgekehrt. Warum betone ich das so? Weil es eine Irrlehre gibt, die schon mehrere hundert Jahre alt ist und heute, im 21. Jahrhundert, wieder unter Evangelikalen auftaucht; diese Irrlehre wurde nach dem Mann benannt, der sie als Erstes verbreitete. Sein Name war Marcion und die Irrlehre heißt bis auf den heutigen Tag „Marcionismus".

Was diese Irrlehre besagt, lässt sich recht einfach auf den Punkt

IST JOHANNES 3,16 DAS EVANGELIUM?

bringen: Sie behauptet, der Gott des Alten Testaments und der Gott des Neuen Testaments seien nicht ein und derselbe Gott. Marcion vertrat die Anschauung: „Ich mag den Gott des Alten Testaments überhaupt nicht; er ist ein grober und schroffer Gott; er tötet Menschen; ich glaube an den Gott des Neuen Testaments, den liebevollen Vater Jesu." Und seither ist es gang und gäbe, dass Leute das Gottesbild des Neuen Testaments dem Gottesbild des Alten Testaments entgegenstellen. Ist Ihnen das schon einmal aufgefallen? Hatten Sie schon einmal damit zu tun? Ich denke schon. Es kommt heutzutage immer mehr in Mode, den Gott des Alten Testaments als einen schroffen, zerstörerischen Gott darzustellen, als jene Art Gott, die man nicht mag; im Gegensatz dazu stehe der „nette" Gott des Neuen Testaments, der freundlich und geduldig und liebevoll ist, so als handle es sich um zwei völlig verschiedene Arten Gott.

Mit der immensen Betonung des liebenden Gottes kehrt auch diese Irrlehre mit aller Macht in unsere heutige Zeit zurück. Die Leute spielen die Offenbarung Gottes im Alten Testament herunter und ich möchte zwei Autoren nennen, denen in unserer heutigen Zeit Gehör geschenkt wird. Der beliebteste und meistgelesene Autor der heutigen christlichen Welt ist Philip Yancey. Man bat mich vor kurzem, sein neuestes Buch zu empfehlen, doch als ich es gelesen hatte, sagte ich, dass ich dies unmöglich tun könne, weil er darin zustimmend jenes Statement zitierte, dass Jesus gekommen sei, um uns die „Mutterliebe" Gottes zu zeigen - im Gegensatz zur „Vaterliebe" des Gottes des Alten Testaments. Da haben wir es wieder, wenn auch in einer recht unterschwelligen Form, aber der Grundgedanke ist derselbe: dass der Gott des Alten Testaments irgendwie etwas hart und zuchtmeisterlich ist, während der Gott des Neuen Testaments eher wie deine Mama ist. Das ist eine Irrlehre. Sie widerspricht Johannes 3,16, weil sie Johannes 3,14-15 widerspricht.

Enorme Kontroversen hat auch ein Buch von Steve Chalke ausgelöst, der weltweit einer der prominentesten Exponenten des evangelikalen Christentums in der heutigen Zeit ist. Man nahm vor allem Anstoß an dem, was er über das Kreuz sagte (nämlich dass es ein Fall von „kosmischem Kindesmissbrauch" gewesen sei, wenn Jesus für Sünden bestraft worden sei, die er nicht begangen habe). Mein Problem mit dem Buch sind nicht nur seine Aussagen über das Kreuz, sondern dass seine Überbetonung der Liebe Gottes dem Leser die Schlussfolgerung zu suggerieren scheint, der Gott des Alten Testaments habe sich einer „ethnischen Säuberung" schuldig gemacht, als er gebot, dass die Kanaaniter getötet werden sollten, so als sei der Gott, der dies gebot, irgendwie ein anderer Gott als der Gott des Neuen Testaments, über den wir durch Jesus etwas erfahren.

Doch hier in Johannes, Kapitel 3, ist der Gott, der Israeliten vernichtete, weil sie über das Essen gemurrt hatten, derselbe Gott, der die Welt liebte und seinen Sohn gab. Derselbe Gott! Und sein liebevolles Eingreifen zugunsten der Israeliten bestand nicht darin, die Schlangen wegzunehmen, sondern den Menschen einen Ausweg zu schaffen; und in derselben Weise hat er dasselbe für uns getan, indem er seinen Sohn gab. Und sein Sohn ist jetzt unsere „Schlange am Pfahl".

Begreifen Sie, was das bedeutet? Hier, im Johannesevangelium, ist der Gott des Alten Testaments, der Menschen für ihre Undankbarkeit tötet, derselbe Gott, der uns seinen einzigen Sohn gibt. Es gibt keine Kluft zwischen dem Gott des Alten und dem Gott des Neuen Testaments. Das ist sehr wichtig. Doch wenn man Vers 16 für sich allein liest und Vers 14 und 15 ignoriert, könnte man zu der irrigen Schlussfolgerung gelangen, dass der Gott des Neuen Testaments nicht der Gott des Alten Testaments sei und dass er viel freundlicher und liebevoller sei als damals, während Johannes aber sagt: „in derselben Weise wie ..." bzw. „genau so".

Genau so. Derselbe Gott, der ihnen damals einen Ausweg aus dem Tod schuf. Über unserer Welt wurde gewissermaßen das Todesurteil gefällt und Gott nimmt dieses Todesurteil nicht weg. Er bereitet uns vielmehr eine Möglichkeit, wie wir dem Tod

IST JOHANNES 3,16 DAS EVANGELIUM?

entrinnen können. Für mich ist das sehr, sehr wichtig. Der Gott von Johannes 3,16 ist der Gott von 3,15 und 3,14 und er ist der Gott von 4. Mose 21 und der Gott, der damals mit seinen Leuten auf diese Weise verfuhr, wird heute mit seinen Leuten in derselben Weise verfahren. Niemals darf jemand einen Keil zwischen den Gott des Alten und den Gott des Neuen Testaments treiben.

Als Gott in Liebe für die Kinder Israels tätig wurde, trotz deren Rebellion, trotz deren Mangel an Glauben und trotz deren Undankbarkeit ungeachtet all dessen -, als er dennoch durch sein Handeln seine Liebe zeigte und ihnen einen Ausweg schuf, warum hat er dann Mose den Auftrag gegeben, eine Schlange aus Metall zu fertigen und sie an einem Pfahl zu befestigen? Es wirkt fast irrelevant, ja befremdlich, so etwas zu tun, aber wenn man genauer darüber nachdenkt, wird deutlich, dass Gott damals bereits wusste, dass er später ein zweites Mal in liebender Weise tätig werden würde. Gott wusste bereits, dass er seinen eigenen Sohn an einen Pfahl aus Holz würde hängen müssen und gab ganz bewusst Mose und den Kindern Israels ein Bild dessen, was er tun würde, damit sie, wenn es dann tatsächlich geschah, eine gedankliche Verbindung würden ziehen können und es ihnen helfen würde zu verstehen, was da eigentlich vor sich ging.

Man kann gar nicht genug betonen, wie wichtig dieser Bericht in 4. Mose 21 zum Verständnis von Johannes 3,16 ist. Wenn Sie Johannes 3,16 lesen, müssen Sie dieses vorangegangene Ereignis im Hinterkopf haben, bei dem Gott so viele aus seinem eigenen Volk wegen ihrer Sünde der Undankbarkeit vernichtete und die Todesgefahr nicht wegnahm, sondern ihnen ganz einfach aus seiner Liebe heraus einen Ausweg schuf. Das ist auch die Liebe, von der Johannes 3,16 spricht. Sie sagt: In ähnlicher Weise steht diese undankbare rebellische Welt unter dem Todesurteil Gottes, doch Gott wurde einmal aus Liebe heraus tätig und schuf einen Ausweg, der ins ewige Leben führt.

Wiederum wird deutlich: Um auf der Grundlage von Vers 16 eine riesige Doktrin aufzubauen, die besagt, Gott liebe jeden, muss man all das ignorieren. Und er ist ein Gott, dessen Todesurteil auf der ganzen Welt liegt, auch heute noch. Wenn Sie Römer, Kapitel 1, lesen, sehen Sie, dass Paulus eine Sünde ganz besonders erwähnt, eine der schlimmsten Sünden, die es überhaupt auf Erden gibt. Sie lautet: Sie danken Gott nicht. Allein für diese Sünde hat unsere Welt den Tod verdient: Sie lebt, ohne Gott zu danken.

Ich erinnere mich an das Zeugnis eines Spitzenpiloten einer renommierten Fluggesellschaft, der eine richtige, solide Bekehrung hinter sich hatte. Als er sein Zeugnis gab, sagte er: „Ich hatte so viel. Ich hatte meine Gesundheit. Ich hatte den besten Job auf der Welt, den ich haben wollte. Ich hatte ein wunderschönes Heim und eine großartige Familie. Ich hatte alles, was sich ein Mann wünschen kann bis auf eins." Die Zuhörer warteten und er sagte: „Ich hatte niemandem zu danken." Niemandem zu danken - das ist meines Erachtens ein Bild für unsere ganze Welt: Sie dankt Gott nicht. Sie murren und grollen wie verrückt, wenn ein Tsunami kommt; sie schieben Gott die Schwierigkeiten der Welt in die Schuhe; und dann, wenn die Dinge gut laufen danken sie ihm dann? Nein, sie ignorieren ihn. Es wäre gerechtfertigt, dass Gott auch uns Giftschlangen schickt. Bekommen Sie allmählich ein Gefühl dafür, worum es in diesem Vers eigentlich geht? Der Gott, der Israeliten durch Schlangen vernichtete, schuf ihnen in einem Akt der Liebe einen Ausweg. In genau derselben Weise hat Gott dieser Welt einen Ausweg geschaffen, als er einmal liebte und einmal seinen Sohn gab. Das ist kein Vers, der besagt, dass Gott wahllos jeden liebt. Das ist ein Vers, der besagt, dass Gott einen Ausweg geschaffen hat. Preis und Ehre sei ihm dafür!

Kapitel 4

EIN LEHRER IM DUNKELN

Vergegenwärtigen wir uns, dass Jesus mit Nikodemus, einem alttestamentlichen Gelehrten, spricht. Er sagt ihm, dass das, was Mose mit der Schlange tat, eines Tages ihm widerfahren würde, dass er auf einem Hügel, für jedermann sichtbar, an einen Pfahl geschlagen werden würde. Nikodemus war bereits ein alter Mann. Wissen wir, ob er das noch erlebt hat? Ja, wir wissen es. Auch wenn es Ihnen vielleicht nicht aufgefallen ist, doch als Jesus dann tatsächlich ans Kreuz geschlagen wurde und dort hing wie die Schlange am Pfahl, hat Nikodemus das gesehen. Später nahm man den Leichnam Jesu vom Kreuz ab. Der Leichnam eines gekreuzigten Kriminellen wurde normalerweise ins Tal Gehenna, südlich von Jerusalem, geworfen, dort, wo auch all der Müll und die Abwasser hinkommen, vor dem „Mist-Tor" an der Südseite. Und man hätte auch den Leichnam Jesu dorthin geworfen, wenn nicht Josef von Arimathäa gekommen wäre und gesagt hätte: „Er kann mein Grab haben." Nikodemus sagte: „Ich werde dir helfen, ihn zu begraben." Also begab es sich, dass Nikodemus drei Jahre, nachdem er diese Worte Jesu gehört hatte, dessen Leichnam vom Pfahl abnahm und ins Grab legte. Er und Josef taten das gemeinsam. Ist Ihnen das schon einmal aufgefallen? Nikodemus kannte das Alte Testament in- und auswendig. Er wusste alles über diese Geschichte von der Schlange in der Wüste und hier gebraucht Jesus dieses alttestamentliche Bild, was bedeutet, dass Gott all das bereits vor Augen hatte, was er seinem Sohn Jesus antun würde und den Kindern Israels ein Bild gab, an das sie sich erinnern sollten. Die Tragödie besteht natürlich darin, dass die Schlange am Pfahl nach diesem Ereignis noch jahrelang

IST JOHANNES 3,16 DAS EVANGELIUM?

aufbewahrt wurde. Sie nahmen sie mit ins Verheißene Land; sie pflanzten sie dort, in diesem Land, als Götze auf; sie verbrannten vor dieser Schlange am Pfahl Räucherwerk und beteten zu ihr, bis schließlich einer der guten Könige Israels sagte:

„Ich werde dem ein Ende bereiten." Er nahm die Schlange und den Pfahl und zerschlug sie zu Scherben und sagte dem Volk, es werde dieses Symbol nicht länger verehren, weil seine Zeit vorbei sei.

Johannes, Kapitel 3, schildert eine private Unterhaltung zwischen Jesus und Nikodemus und wiederum gilt, dass wir die ganze Unterhaltung durchgehen müssen, wenn wir uns Vers 16 in der rechten Art und Weise annähern wollen, denn genau in diesem Rahmen kommt all das zur Sprache. In drei Evangelien sind die öffentlichen Reden Jesu überliefert, doch im Johannesevangelium, das sehr persönlich ist, finden wir eine Reihe von privaten Unterhaltungen: mit Nathanael, mit der Frau am Brunnen und hier mit Nikodemus. Er kam nachts zu Jesus. Warum nur? Rein aus Selbstschutz. Er wurde „der Lehrer in Israel" genannt, nicht nur ein Lehrer in Israel. Er war der Spitzentheologe der Nation, der Mann, der für alle anderen Leute Antworten haben sollte, derjenige, den man für den Weisesten überhaupt hielt. Er kam nachts, weil er nicht wollte, dass überall bekannt wurde, dass auch er selbst noch eine Menge zu lernen hatte. Er war demütig genug, das zu wissen und zu Jesus zu kommen und ihm Fragen zu stellen, aber es ist durchaus verständlich, dass er dies nicht in aller Öffentlichkeit tun wollte. Schließlich stand sein Ruf des „Lehrers in Israel" auf dem Spiel, des Mannes, der alle Antworten hat - doch tief in seinem Herzen hatte er Fragen.

Warum war er also gekommen? Weil er ein geheimer Bewunderer Jesu war. Das Wirken Jesu hatte etwas, das Nikodemus nie gekannt hatte, das er wollte, um das er ihn beneidete, das er bewunderte und begehrte. Die Lehre Jesu hatte eine Dimension, die seiner eigenen Lehre fehlte, obwohl er im Ruf stand, der beste Lehrer des ganzen Landes zu sein. Die

Ein Lehrer im Dunkeln

Kombination, dass er einerseits demütig, andererseits jedoch um den Schutz seines Leumunds bemüht war, ist sehr interessant: Jesus, du bist ein besserer Lehrer als ich. Deine Lehre hat etwas, das ich nicht habe.

Die beiden Dinge, die Nikodemus herausstellte, waren Autorität und Vollmacht. Es heißt, als Jesus lehrte, habe ihm das gewöhnliche Volk gerne zugehört, weil er mit Autorität sprach. Die ganz normalen Leute konnten über Jesus sagen: „Dieser Mann weiß, wovon er redet." Die „ganz normalen Leute" können einen Charakter und einen Lehrer in aller Regel recht gut beurteilen und sie stimmen, wie man so schön sagt, gern „mit ihren Füßen" ab, d. h. sie kommen, um jemanden zu hören, oder nicht. Sie hörten einem Mann zu, der wusste, wovon er redet. Intellektuelle und feinsinnige Leute kann man oft ohne große Mühe hinters Licht führen. Clevere Leute lassen sich am allerleichtesten täuschen. Man muss das, was man sagt, nur in die richtigen Worte kleiden und schon fallen sie darauf herein; aber einen ganz normalen Bürger hinters Licht zu führen ist weitaus schwieriger. Die ganz normalen Leute sagen: „Der Kaiser hat ja gar nichts an" und gehen nach Hause. Die ganz normalen Leute hörten Jesus gerne zu, weil er mit Autorität sprach. Er wusste, wovon er redete. Und er lehrte mit Vollmacht. Wenn er zu einem Besessenen sagte:

„Fahr aus ...", gingen die Dämonen. Wenn er sagte: „Sei geheilt!" wurden die Menschen geheilt. Das waren die beiden Aspekte der Lehre Jesu, die Nikodemus nicht hatte. Oh, er hatte jede Menge Theologie. Er war geschult; er war ein guter Lehrer.

„Die Leute aus der Kirche hinausdiplomieren" so nenne ich das manchmal! Nikodemus kam und im Grunde sagte er zu Jesus:

„Gott ist mit dir! Ich bin zu der Schlussfolgerung gelangt, dass, wenn du lehrst, Gott mit deiner Lehre ist." Was für ein Eingeständnis! Denn damit sagte er im Endeffekt: „Gott ist nicht mit mir ... und dennoch bin ich der Lehrer Israels, aber ich brauche, was du hast." Er sagt eigentlich: „Wie kann ich so werden wie du?" Gelehrte stellen natürlich nie so persönliche

IST JOHANNES 3,16 DAS EVANGELIUM?

Fragen. Sie sprechen immer in der dritten Person: „Wie kann ein Mensch ...?"

„Wie kann dies geschehen?" Nikodemus hätte nie gesagt: „Wie kann ich ...?" Doch das war die Frage, die in seinem Herzen brannte: „Wie kann ich ein Lehrer wie du werden?"

Es ist keine Überraschung, dass Jesus anschließend über das Reich Gottes sprach womit die Herrschaft Gottes gemeint ist, die Kraft Gottes, die Autorität Gottes. Der Großteil der Lehre Jesu drehte sich um das Reich Gottes und es war ziemlich offensichtlich, dass Nikodemus nicht über das Reich Gottes lehrte. Das konnte er nicht. Deshalb redete Jesus gleich zu Beginn mit ihm über das Reich Gottes, ging dann jedoch recht rasch weiter zur Kraft des Heiligen Geistes, denn das war die fehlende Dimension in der Lehre des Nikodemus. Das Reich war dem Nikodemus fremd; der Heilige Geist war ihm fremd; deshalb sagte Jesus ganz grundsätzlich und elementar zu ihm: „Nikodemus, du wirst noch einmal ganz von vorne anfangen müssen. Du wirst von neuem geboren werden müssen."

Nikodemus war kein Narr; er war ein feinsinniger Gelehrter und obwohl er erwiderte: „Wie kann ein Mensch zum zweiten Mal in den Leib seiner Mutter hineingehen und geboren werden?" (wirklich eine dumme Frage, nicht wahr?), ist er im Grunde alles andere als töricht. Er fragt im Stil eines echten Gelehrten: „Ich bin zu alt, um noch einmal neu anzufangen. Wie kann ein Mensch von neuem geboren werden, wenn er alt ist?" Dieser Mann ist alt und Jesus sagt: „Nun, ich rate dir, dass du noch einmal von vorne beginnst; fang noch einmal an; werde von neuem geboren." Lesen Sie nicht mehr in die Worte Jesu hinein als er tatsächlich gesagt hat. Er sagt: „Geh wieder zurück an den Anfang; fang dein Leben noch einmal ganz von vorne an." Nikodemus fragt im Grunde: „Wie soll ich das machen? Ich bin zu alt dafür. Man kann mich nicht noch einmal in den Leib meiner Mutter zurückbringen, so dass ich wieder ganz von vorne anfangen könnte. Ich bin zu alt, um mich zu verändern. Wie soll ich das machen, wenn ich

Ein Lehrer im Dunkeln

alt bin?" Deshalb sagte Jesus als Nächstes: „Du brauchst einen Neuanfang aus Wasser und aus Geist." So heißt es wörtlich und manche unserer Übersetzungen bringen dieses Wort nicht heraus. Im Griechischen heißt es: „... außer dass jemand aus Wasser und Geist geboren wird, kann er das Reich Gottes nicht einmal sehen."

Es wird so viel darüber diskutiert, was mit dem Wort „Wasser" in diesem Vers gemeint ist. Was meint Jesus damit? Die übliche evangelikale Interpretation besagt, dass Jesus sich auf zwei Geburten beziehe: eine Geburt aus Wasser, d. h. unsere physische Geburt, und eine Geburt aus Geist, d. h. unsere geistliche Geburt. Ich glaube auf überhaupt gar keinen Fall, dass Jesus das gemeint hat! Es wäre überflüssig zu erwähnen, dass ein Mensch körperlich und geistlich geboren werden müsse, denn wie sollte es sonst sein? Manche Leute wollen einen Bogen um den Begriff „Wasser" machen, indem sie sagen, es sei die Fruchtblase gemeint, die platze, wenn ein Kind zur Welt komme; das sei mit „aus Wasser geboren" gemeint und dann, später, wenn sie sich bekehren, werden sie „aus Geist geboren". Ich glaube nicht, dass das gemeint ist; ich glaube nicht, dass die Stelle von zwei Geburten spricht. Ich glaube vielmehr, dass sie von zwei Taufen spricht: eine Taufe in Wasser und eine Taufe in Geist. Das Wort „aus" ist hier sehr wichtig, also „aus ... heraus" (im Griechischen „ex", das auch in unseren Worten „Export" oder „extern" erscheint) aus Wasser und Geist heraus wiedergeboren. Man kann nicht aus etwas herauskommen, wenn man nicht vorher in etwas hineingekommen ist. Aber ich glaube ganz einfach, dass Jesus Nikodemus sagt, wie er selbst sein Wirken begann, und nicht nur, wie es bei ihm sein könnte.

Wir vergessen oft, dass Jesus dreißig Jahre lang kein einziges Wunder wirken konnte. In einigen Evangelien - den so genannten „Apokryphen" (die Sie, wie zum Beispiel das Evangelium nach Thomas oder das Evangelium nach Philippus, nicht in Ihrer Bibel finden, weil sie Legenden ähneln und erst viele Jahre später entstanden) wirkt Jesus in seiner Kindheit einige Wunder.

IST JOHANNES 3,16 DAS EVANGELIUM?

Einmal, so heißt es da, habe ein anderer Junge Jesus in den Schlamm gestoßen, woraufhin Jesus ihn verflucht habe, so dass er aussätzig geworden sei. Sind Sie nicht froh, dass das nicht in Ihrer Bibel steht? Ein andermal habe Jesus aus Lehm Vögel geformt und gesegnet, woraufhin sie weggeflogen seien. Sind Sie nicht froh, dass auch das nicht in Ihrer Bibel steht? Solche Geschichten stehen in diesen „schlechten" Evangelien, aber nicht in unserer Bibel. Die Wahrheit ist nämlich, dass Jesus bis zu seinem dreißigsten Lebensjahr zwar Stühle und Tische machen konnte, aber keinen Dienst hatte. Er konnte keine Wunder wirken, weil er seine Wunder nicht aufgrund dessen wirkte, dass er der Sohn Gottes war, sondern weil er der mit dem Heiligen Geist erfüllte Sohn des Menschen war. Später sollte er sagen: „Wenn ich aber durch den Geist Gottes die Dämonen austreibe, so ist also das Reich Gottes zu euch gekommen." Er erkannte an, dass seine Vollmacht und Autorität dem Heiligen Geist gehörten. Und wie begann er sein Wirken in der Öffentlichkeit? Aus Wasser und aus Geist. Im Lukasevangelium lesen wir, dass, als Jesus aus dem Wasser des Jordan wieder herauskam und betete, sich der Himmel auftat und der Heilige Geist wie eine Taube auf ihn herabkam. In diesem Augenblick begann Jesus seinen vollmächtigen Dienst und nicht vorher. Kein Wunder, dass die Leute in Nazareth sagten: „Ist das nicht der Sohn des Zimmermanns? Doch wir haben nie gesehen, dass er zu Hause solche Dinge getan hatte."

Jesus begann sein Wirken, als er aus dem Wasser herauskam und vom Geist durchflutet wurde und jetzt sagt er zu Nikodemus: „Du wirst noch einmal ganz von vorne anfangen müssen." Fast scheint er zu sagen: „Ich begann mein Werk im Alter von dreißig Jahren aus Wasser und aus Geist." Ab da hatte Jesus einen vollmächtigen Dienst mit Autorität und Macht über Krankheiten und Dämonen und allem anderen. Er beantwortet die Frage, die Nikodemus stellt. Ich sage es noch einmal: Allzu oft reißen wir einen Text aus seinem Kontext heraus und sagen: „... außer wenn jemand aus Wasser und Geist geboren wird, kann er das

Ein Lehrer im Dunkeln

Reich Gottes nicht sehen", doch diese Worte sind an Nikodemus adressiert, der gefragt hatte: Wie kann ich einen Dienst wie deinen bekommen? Und Jesus gibt ihm die Antwort: „Wasser und Geist". Nikodemus, der oberste Lehrer Israels, hatte sich nicht von Johannes dem Täufer taufen lassen. Die Pharisäer hatten sich nicht von Johannes taufen lassen. „Wasser und Geist" bezieht sich, wie ich glaube, auf zwei Taufen und bedeutet auch, dass ganz normale Leute wie Sie und ich ebenfalls vollmächtig dienen und wirken können, wenn wir mit den beiden Taufen, Wasser und Geist, noch einmal ganz von vorne anfangen.

Am letzten Abend, den er hier auf Erden verbrachte, sagte Jesus: „Die Werke, die ich tue, könnt ihr auch tun und werdet ihr auch tun, wenn Kraft auf euch gekommen ist ..." und so geschah es auch! So verstehe ich es. Ich glaube, dass Jesus sagt: „Nikodemus, so fing es bei mir im Alter von dreißig Jahren an. Es kann in derselben Art und Weise auch bei dir anfangen und es kann bei jedermann in derselben Art und Weise anfangen."

Jesus hat also die erste Frage beantwortet, die Nikodemus ihm implizit gestellt hatte: Wie kann ich, so alt wie ich bin, noch einmal wie du ganz von vorne anfangen? Diese herrliche und großartige Möglichkeit bestand! Doch er ging noch weiter. Die Frage lautete nicht nur: „Wie kann ein Mensch das tun?", sondern im Grunde fragte er: „Wie kann ich?" Jesus sagte: „Was aus dem Fleisch geboren ist, ist Fleisch, und was aus dem Geist geboren ist, ist Geist" und man könne den Heiligen Geist nicht manipulieren. So wie den Wind könne man auch den Heiligen Geist nicht kontrollieren. Man könne nicht sagen, wo der Wind herkomme und wohin er gehe, aber man wisse es genau, wenn man ihn an sich spürt. Eins weiß man über den Wind - man weiß es, wenn man ihn spürt und wenn er seine Wirkung entfaltet. Jesus sagte, mit dem Geist sei es genauso: Wir können nicht erklären, wo der Geist herkomme oder wo er hingehe, aber wir werden es wissen, wenn er bei uns angekommen ist, wenn er uns trifft, und mehr brauchten wir auch nicht zu wissen.

IST JOHANNES 3,16 DAS EVANGELIUM?

Dann sagte Jesus: „Wie kommt es, dass du, der Lehrer Israels, nichts von alledem weißt? Wie kannst du für dich in Anspruch nehmen, alle anderen in dieser Nation zu lehren, während man dir selbst noch diese einfachen Dinge nahe bringen muss?" „Und ich", so sagte er, „ich rede mit dir über irdische Dinge; wenn ich mit dir über himmlische Dinge reden würde, wenn du doch nicht einmal die irdischen Dinge, die ich sage, verstehen kannst, wie auf Erden möchtest du dann jemals diese himmlischen Dinge verstehen?" Jesus fordert Nikodemus hier heraus, denn schließlich ist dieser Mann der anerkannte Cheftheologe der ganzen Nation, ja man könnte fast sagen der „Erzbischof Israels"! „Man muss dir diese einfachen Dinge beibringen", sagt Jesus. „Niemand ist je im Himmel gewesen, woher können wir dann diese himmlischen Dinge wissen? Die Antwort lautet: Jemand ist vom Himmel herabgekommen, um sie uns zu sagen ich, der ich jetzt mit dir rede. Der Sohn des Menschen. Und ich habe euch himmlische Wahrheiten mitgebracht." Was für ein Anspruch!

Dann stellt Nikodemus seine dritte Frage. Frage Nummer 1 war: „Wie kann ich ein Lehrer wie du werden?" Frage Nummer 2 war: „Wie kann ein alter Mann noch einmal ganz von vorn anfangen?" Frage Nummer 3: „Wie kann das geschehen?" Fällt Ihnen auf, dass er nie fragt: „Wie kann das bei mir geschehen?" oder: „Wie kann ich von neuem geboren werden?" Er sagt immer: „Wie kann ein Mensch von neuem geboren werden?" „Wie kann dies geschehen?" „Wie kann so etwas bei jemandem geschehen?" Im Grunde fragt er jedoch: „Wie kann ich den Heiligen Geist haben? Wie kann er zu mir kommen?"

Jetzt, an dieser Stelle, bringt Jesus die Episode von Mose und der Schlange. Warum? Versuchen Sie, sich den Zusammenhang zu vergegenwärtigen. Die Antwort ist im Grunde recht einfach: Man kann erst dann den Einfluss und das Wirken des Heiligen Geistes in seinem Dienst haben, wenn man zuvor an Jesus glaubt. Als Erstes muss man das Kreuz verstehen. So einfach ist es. Menschen, die ans Kreuz gekommen sind und an ihn glauben, der dort starb, kommen dafür in Frage, den Wind des Geistes zu empfangen. Wiederum beantwortet Jesus Nikodemus' Frage und sagt: „Ich muss dir jetzt etwas anderes erklären es ist nicht nur so, dass der Sohn des Menschen vom Himmel herabgekommen ist, sondern dass der Sohn des Menschen an einem Pfahl erhöht werden muss, so wie Mose die Schlange erhöhte."

Erkennen Sie, wie Jesus diesen Mann Schritt für Schritt zu einem Verständnis dessen hinführt, was ihn als Person verändern und auch seinen Dienst verändern wird? Diese Veränderung wird kommen, indem er zum Kreuz geht, an den glaubt, der dort starb und dann die Kraft des Heiligen Geistes in seinem Leben empfängt. Es ist wirklich eine ganz schöne Diskussion. Natürlich zog sie sich etliche Stunden hin und wir haben in diesem Kapitel nur einen kleinen Teil der Diskussion, aber ich habe Ihnen vor Augen geführt, worum es dabei im Kern geht. Erkennen Sie, wie sie sich entwickelt?

Jetzt sind wir bereit, noch einmal einen Blick auf Johannes 3,16 zu werfen. Jesus beantwortet Nikodemus' Fragen, eine nach der anderen, doch wir haben Johannes 3,16 noch nicht erschöpfend behandelt. Vielmehr müssen wir jetzt eine überaus wichtige Frage stellen. Ich habe eine so genannte „red letter Bible", wie sie im englischsprachigen Raum weit verbreitet ist, in der die Worte Jesu rot und der restliche Text schwarz gedruckt ist. Wo hört der rote Druck auf? Wenn ich mir in meiner Bibel die Anführungszeichen ansehe, die verdeutlichen, was Nikodemus zu Jesus sagte und was Jesus zu Nikodemus sagte, dann steht das Anführungszeichen unten in Vers 10. Wo steht das Anführungszeichen oben nach Vers 10? Mit anderen Worten: Wir müssen wissen, wer Vers 16 gesagt hat. Die meisten Leute meinen, Vers 16 seien die Worte Jesu, die er an Nikodemus richtete. Es steht zweifelsfrei fest, dass Vers 14 und 15 von Jesus stammen, aber hat er auch Vers 16 gesagt? Das ist die Frage. Wenn man sich mit einem Bibelvers beschäftigt, fragt man sich: Wer hat das gesagt und zu wem wurde es gesagt und warum wurde es gesagt? Ich möchte Ihnen sagen,

IST JOHANNES 3,16 DAS EVANGELIUM?

dass ich absolut davon überzeugt bin, dass Jesus nicht Vers 16 zu Nikodemus gesagt hat! Das ist ein sehr wichtiger Punkt. In der englischen New International Version der Bibel kommt das Anführungszeichen oben erst in Vers 21, doch in der Fußnote ist zu lesen, dass einige Bibelkundler das Anführungszeichen oben schon nach Vers 15 setzen. Haben Sie in Ihrer Bibel auch so eine Fußnote? Sie können sie schlicht und einfach durchstreichen und am Ende von Vers 15 das Anführungszeichen oben setzen, denn genau dort hört das Gespräch zwischen Jesus und Nikodemus auf.

Ich möchte Ihnen fünf Grinde nennen, warum ich dieser Überzeugung bin. Es liegt auf der Hand, dass mit Vers 22 wieder der Erzähltext beginnt, der schildert, dass Jesus und seine Jünger anschließend ins Land Judäa gegangen seien und so weiter - das ist ohne jeden Zweifel nicht mehr das Gespräch zwischen Jesus und Nikodemus. Ich möchte jedoch darauf hinaus, dass dieses Gespräch bereits mit Vers 15 endet und nenne Ihnen nun meine fünf Gründe. Erstens: Jeweils am Ende von Vers 15 und Vers 16 gibt es eine überflüssige Wiederholung. Ist Ihnen diese sonderbare Wiederholung schon einmal aufgefallen? Vers 15 Ende: „... damit jeder, der an ihn glaubt, ewiges Leben habe." Vers 16 Ende: „... damit jeder, der an ihn glaubt, nicht verloren geht, sondern ewiges Leben hat." Es wäre doch seltsam, wenn sich Jesus in dieser Weise wiederholt hätte. Normalerweise tut er so etwas nicht.

Doch das ist nicht der Hauptgrund. Zweitens: Das Wort „denn" am Anfang von Vers 16 bedeutet, wie ich bereits ausführte, in aller Regel „in der Tat" bzw. ist es eine Art von Vertiefung oder Erläuterung dessen, was kurz zuvor gesagt wurde. Hat Jesus das vertieft oder erläutert, was er selbst gerade eben gesagt hat? Sehr unwahrscheinlich.

Drittens: Ab Vers 16 werden keine persönlichen Für-Wörter (Personalpronomen) mehr verwendet. Bis Vers 15 lesen wir, wie Jesus „du" und „ich" sagt - das sind persönliche Für-Wörter; doch ab Vers 16 wird der Text nur mehr unpersönlich, in der dritten Person, formuliert: „sie", „er" und nicht mehr „ich" oder „du".

Ein Lehrer im Dunkeln

Das Persönliche eines Gesprächs fehlt ab Vers 16. Doch das wäre für mich nicht der ausschlaggebende Grund. Das nächste Indiz ist Folgendes: Jesus nannte sich selbst immer „Sohn des Menschen". Er nannte sich selbst nie „eingeborener" bzw. „einzig-gezeugter Sohn". Das ist ein Titel, den Johannes für ihn verwendete, doch Jesus verwendete ihn selbst nie; vielmehr sagt er in Vers 14: „... so muss der Sohn des Menschen erhöht werden ..." und kurz vorher: „... der, der aus dem Himmel herabgestiegen ist, der Sohn des Menschen." Würde in Vers 16 immer noch Jesus sprechen, hätte er gesagt: „Denn so hat Gott die Welt geliebt, dass er den Sohn des Menschen gab ..." Doch das sagt er nicht. In Vers 16 ist vom „einzig-gezeugten Sohn" die Rede und das ist der Titel, den Johannes Jesus bereits in Kapitel 1 gab und so bezeichnet er ihn auch weiterhin. Es ist der Titel, den Johannes verwendet, nicht der Titel, den Jesus für sich selbst verwendet. Doch wodurch die Sache für mich ein für allemal entschieden wird, ist Folgendes: In Vers 15 ist das Kreuz noch nicht geschehen, in Vers 16 schon. Verstehen Sie, was ich meine? In Vers 15, wenn Jesus mit Nikodemus redet, liegt der Tod Jesu noch in der Zukunft, doch in Vers 16 ist er bereits Vergangenheit: „So hat Gott die Welt geliebt, dass er ... gab ..." Es ist bereits geschehen. Vers 15 wurde demnach gesagt, bevor Jesus starb, Vers 16 nachdem er starb. Infolgedessen kommentiert Johannes ab Vers 16 das, was er eben zuvor geschildert hatte.

Kapitel 5

DIE BOTSCHAFT FÜR CHRISTEN

Womit wir es in Vers 16 zu tun haben, stammt also nicht aus dem Mund Jesu. Das ist für mich der entscheidende Punkt. Ich sagte bereits, dass weder Jesus noch die Apostel je mit Ungläubigen über die Liebe Gottes redeten. Das wäre die einzige Ausnahme gewesen. Hätte Jesus Vers 16 zu Nikodemus gesagt, hätte er mit einem Ungläubigen über die Liebe Gottes geredet - womit bewiesen wäre, dass ich Unrecht habe, doch in Wahrheit hat er das nicht getan.

Ist es dann wirklich so wichtig, wer diese Worte gesprochen hat, ob sie von Jesus oder von Johannes stammen? Ja, das ist sogar ausgesprochen wichtig - zum Teil, weil dann nämlich, wie ich bereits sagte, Jesus mit einem Ungläubigen über die Liebe Gottes geredet hätte, was er jedoch nie tat; vor allem jedoch, weil wir uns nun die Frage stellen müssen, warum Johannes das gesagt hat und zu wem er es gesagt hat. Das bedeutet also, dass wir insgesamt ganz anders an Vers 16 herangehen müssen. Und wir müssen uns fragen, warum Johannes die Unterhaltung Jesu mit Nikodemus mit diesem Vers kommentierte. Nicht alle vier Evangelien wurden für Ungläubige geschrieben. (Ich habe diesen Aspekt sehr pointiert und ausführlich in meinem englischsprachigen Buch *Unlocking the Bible* behandelt und möchte Ihnen empfehlen, das Kapitel über Johannes mit dem Titel *Why was John Written?* zu lesen.) Man geht einfach davon aus, dass Johannes 3,16, wenn es in einem „Evangelium" stehe, auch Teil der Frohen Botschaft für Ungläubige sei; es sei Teil des Evangeliums und deshalb könne Johannes 3,16 auch bei der Evangelisation eingesetzt werden, da die Evangelien ja zweifellos evangelistischer Natur seien. Doch

IST JOHANNES 3,16 DAS EVANGELIUM?

dem ist nicht so. Zwei der vier „Evangelien" wurden für Gläubige geschrieben, zwei für Ungläubige. Und es ist sehr wichtig, dass wir die vier Evangelien auch in der Art und Weise einsetzen, wie sie ursprünglich gedacht waren. Eigentlich wird nur eines auch tatsächlich als „Evangelium" bezeichnet - das Markusevangelium. Johannes hat sein Werk nicht als „Evangelium des Johannes" bezeichnet; wir haben das getan. Und ich glaube, dass sich dadurch die irrige Meinung in uns festgesetzt hat, dass es für Ungläubige geschrieben worden sei. Darüber hinaus wird das Johannesevangelium auch bei evangelistischen Einsätzen in großem Stil verteilt, weil es das Evangelium sei, das am besten dazu geeignet sei, es an Ungläubige zu verteilen. Doch es ist das Evangelium, das am schlechtesten für Ungläubige geeignet ist! Es ist kein Evangelium für Ungläubige! Ich denke, dass einige Leute es in der Hoffnung verteilen, dass die Zielpersonen nur bis Kapitel 3, Vers 16, lesen! Aber ich habe noch nie einen Evangelisten über Johannes, Kapitel 1, predigen hören. Haben Sie schon einmal eine evangelistische Predigt über den Text „Im Anfang war das Wort, und das Wort war bei Gott, und das Wort war Gott" gehört? Versuchen Sie mal, das einem Ungläubigen zu predigen! Damit wird er mit etwas konfrontiert, das ihm auf Anhieb schlichtweg unglaublich und unmöglich erscheinen wird, nämlich die ewige Präexistenz Christi. Das ist nicht der beste Ausgangspunkt für einen Ungläubigen. Johannes ist eines der beiden Evangelien, die für Gläubige geschrieben wurden.

Ich denke, ich muss dies etwas ausführlicher erklären, weil die Vorstellung, ein „Evangelium" sei nicht für die Evangelisation oder für Ungläubige verfasst worden, für viele Leute doch recht neu ist. Markus und Lukas wurden für Ungläubige geschrieben und sind sehr gut geeignet für jemanden, der nichts von Jesus weiß und etwas über ihn lesen möchte. Das Markusevangelium ist voller „Action" es zeigt, was Jesus tat. Das Lukasevangelium ist voller Worte es gibt wieder, was Jesus sagte und enthält so unvergleichliche Geschichten wie die vom verlorenen Sohn und vom barmherzigen Samariter, die wirklich jeder versteht. Doch das Matthäusevangelium wurde nicht für Ungläubige geschrieben; es wurde für junge Gläubige geschrieben, vor allem für junge jüdische Gläubige, und in der Urgemeinde gab es viele junge jüdische Gläubige. Es ist fatal, das Matthäusevangelium einem Ungläubigen zum Lesen zu geben. Warum? Weil er es falsch verstehen wird. Matthäus hat das Markusevangelium genommen und alles in fünf Blöcken zusammengesammelt, was Jesus über das Königreich der Himmel gesagt hat. Den ersten Block bezeichnen wir als die „Bergpredigt" (Kapitel 5 bis 7), wo es um den Lebensstil im Reich Gottes geht. Als Nächstes folgt die Mission des Reiches Gottes (Kapitel 10). Dann das Wachstum des Reiches (Kapitel 13). Dann die Gemeinschaft des Reiches (Kapitel 18). Und zuletzt kommt die Zukunft des Reiches (Kapitel 24 und 25). Jedes Wort dieser Lehrblöcke über das Reich wurde für Gläubige geschrieben und ist für Ungläubige absolut überhaupt nicht anwendbar. Wenn Jesus zum Beispiel in der Bergpredigt sagt: „Ihr seid das Salz der Erde", gilt dies dann für die Ungläubigen? Natürlich nicht. Im selben Lehrblock sagt Jesus: „Glückselig seid ihr, wenn sie euch schmähen und verfolgen und alles Böse lügnerisch gegen euch reden werden um meinetwillen." Gilt das den Ungläubigen? Natürlich nicht.

In Matthäus haben wir genau genommen Lehre für jene, die frisch ins Reich Gottes gekommen sind und nun lernen müssen, wie man im Reich Gottes lebt, d. h. wie der Lebensstil des Reiches Gottes aussieht. Bedauerlicherweise haben sich viele Matthäus zunutze gemacht, um daraus ein soziales oder politisches Programm zu formen. Gandhi hat das getan; der Russe Dostojewski hat das getan; Martin Luther King hat das getan und verwandelte diese Bergpredigt in ein politisches Manifest einer gewaltfreien Revolution. Das ist ein Missbrauch der Schrift. Matthäus wurde für Gläubige geschrieben, damit sie etwas über das Reich erfahren, dem sie nun angehören. Die Ethik der Bergpredigt ist eine Unmöglichkeit für Ungläubige und auch für

IST JOHANNES 3,16 DAS EVANGELIUM?

Gläubige nicht gerade einfach, aber sie wurde eben für Gläubige niedergeschrieben.

In einer ganz ähnlichen Weise muss man sich vor Augen führen, dass das Evangelium des Johannes für ältere Gläubige geschrieben wurde. Alles in diesem „Evangelium" richtet sich an den Gläubigen, und die allgemeine Zielsetzung dieses „Evangeliums" ist klar. Wir müssen etwas über den Hintergrund wissen. Johannes war der älteste Apostel (alle anderen waren getötet worden; er war der Einzige, der im Alter eines natürlichen Todes starb). Er schreibt sechzig Jahre, nachdem er Jesus das erste Mal begegnet war und er ist der Apostel, den Jesus liebte. Es heißt, Jesus habe Johannes mehr geliebt als alle anderen. Er war der geliebte Apostel. Und er schrieb dieses Buch aus einem ganz bestimmten Grund. Sie wissen, dass es sich doch erheblich von den anderen drei Evangelien unterscheidet. Einige Dinge wurden in Johannes weggelassen, die in den anderen berichtet werden, wie zum Beispiel die Versuchungen Jesu. Und es gibt Dinge in Johannes, über die man in den anderen nichts findet. Warum ist es so anders? Weil es davon handelt, wer Jesus war. Es geht in Johannes nicht um das, was er tat (wie in Markus). Es geht auch nicht um das, was er sagte (wie in Matthäus und Lukas). Es geht darum, wer er war. Es ist sozusagen die „Innenansicht" Jesu; es ist die Geschichte seiner Person und nicht so sehr die seines Wirkens. Und es wurde für Menschen geschrieben, die schon seit vielen Jahren Christen sind. Der Zweck von Johannes wird in Kapitel 20 formuliert. Dort heißt es, wenn alles, was Jesus sagte und tat, niedergeschrieben werden sollte, könne die ganze Welt nicht die Bücher fassen, die zu diesem Zweck geschrieben werden würden. Es heißt in Kapitel 20, Vers 31: „Diese Dinge aber sind niedergeschrieben worden, damit ihr weiterhin glaubt, dass Jesus der Christus ist, der Sohn Gottes, und damit ihr, indem ihr weiterhin glaubt, weiterhin Leben habt in seinem Namen" (Verlaufsform der Gegenwart; wörtl. a. d. Engl.). „... damit ihr weiterhin glaubt und weiterhin Leben habt ..." Diese

Formulierung ist uns schon einmal begegnet, nicht wahr? In Vers 16 von Kapitel 3: „... damit jeder, der an ihn glaubt, weiterhin ewiges Leben haben wird." Und Johannes schrieb das ganze Evangelium, um Leute zu ermutigen, weiterhin an die Person Jesu zu glauben, damit sie weiterhin Leben haben in seinem Namen: nicht, damit ihr zu glauben anfangt oder zum Glauben kommt, sondern damit ihr weiterhin glaubt und aus diesem Grund weiterhin Leben habt. Das ist der prinzipielle Zweck, die Absicht, die dahintersteckt, und den Grund dafür kennen wir aus anderen Quellen. Ich werde es Ihnen kurz erläutern: Dort in Ephesus trat ein Mann als christlicher Lehrer auf, der nicht die ganze Wahrheit lehrte. Er hieß Cerinthus und er lehrte in etwa dasselbe, was die Zeugen Jehovas heute lehren: dass Jesus nicht voll und ganz Gott war; dass er Gott zwar näher war als uns, aber nicht voll und ganz göttlich. Aus diesem Grund ändert die Bibel der Zeugen Jehovas auch Johannes 1,1. In ihrer Bibel, die sie verteilen, heißt es nicht: „Im Anfang war das Wort, und das Wort war bei Gott, und das Wort war Gott", sondern: „Im Anfang war das Wort und das Wort war bei Gott und das Wort war *ein* Gott." Indem sie dieses kleine Wörtchen „ein" hineinschmuggeln, ändern sie den kompletten Sinngehalt dieser Passage.

Johannes kämpfte gegen diese verdrehte Darstellung, dass Jesus eine Art Zwischenwesen zwischen Mensch und Gott sei, dass er einerseits nicht voll und ganz Mensch sei und andererseits nicht voll und ganz Gott. Der Irrglaube, gegen den man sich zu jener Zeit zur Wehr setzen musste, besagte, dass Jesus nicht durch und durch Gott gewesen sei. Johannes schrieb dieses Buch ganz bewusst und ganz konkret, um zu unterstreichen, dass Jesus tatsächlich Gott war. Jahrhunderte später musste die Kirche dies in einem Glaubensbekenntnis festschreiben. Haben Sie sich schon einmal gefragt, was eigentlich damit gemeint ist, wenn es im als „Nicanum" bezeichneten Glaubensbekenntnis heißt : „Wahrer Gott vom wahren Gott"? Genau das ist gemeint: dass Jesus absolut alles ist, was Gott sein kann. Er ist Gott; er ist

IST JOHANNES 3,16 DAS EVANGELIUM?

durch und durch göttlich.

Als Johannes ein alter Mann war, trug man ihn in Ephesus immer ins öffentliche Bad. Man brachte ihn zum Becken und ließ ihn dann ins Wasser hinab. Wenn er jedoch sah, dass Cerinthus im selben Wasser war, schrie er: „Holt mich raus. Holt mich raus. Holt mich raus." Warum? Cerinthus war im Becken! Johannes sah, dass dieser Mann den christlichen Glauben zerstörte und aus diesem Grund ein Todfeind der Wahrheit war. Und der „Apostel der Liebe" liebte auch die Wahrheit!

Johannes schrieb also dieses Evangelium, um jener Irrlehre etwas entgegenzusetzen und wir können sehen, wie er das machte. Zunächst einmal kommen im Johannesevangelium sieben Personen vor, die allesamt erklären, dass Jesus Gott ist: Sieben Zeugen (und das ist wirklich die perfekte Zahl), angefangen bei Johannes dem Täufer bis hin zu Thomas sieben Zeugen dafür, dass Jesus Gott ist. Als Nächstes griff er sieben Wunder heraus. Sechs davon kommen in Matthäus, Markus und Lukas nicht einmal vor, aber es sind sieben der spektakulärsten Wunder, die man sich nur vorstellen kann und bis auf eines allesamt weitaus spektakulärer als die in den anderen Evangelien. Das einzige, worüber in allen berichtet wird, ist die Speisung der Fünftausend und das war schon ziemlich spektakulär. Menschen zu heilen, die vierzig Jahre lang blind waren! Alle sieben Wunder sind für Johannes Zeichen dafür, dass der, der sie wirkte, (in uneingeschränkter Weise) göttlich war. Und in seinem Evangelium finden wir auch sieben Statements, die in keinem anderen Evangelium vorkommen. Sie beginnen allesamt mit dem Namen Gottes „Ich bin": „Ich bin der gute Hirte." „Ich bin der Weg, die Wahrheit und das Leben." „Ich bin die Auferstehung und das Leben." „Ich bin das Licht der Welt." „Ich bin das Brot, das aus dem Himmel herabgekommen ist." „Ich bin die Tür der Schafe." Und einmal sagt er noch: „Ehe Abraham war, bin ich."

Johannes berichtet dem Leser also von sieben Zeugen dafür, dass Jesus Gott war, von sieben Wundern, die kein Mensch je

Die Botschaft für Christen

getan hatte, und von sieben Statements Jesu über sich selbst, die einzigartig und beispiellos sind (mehr darüber in meinem Buch *Unlocking the Bible*). Johannes schrieb sein Evangelium für Gläubige; faktisch flehte er sie damit an: Hört nicht auf diese falsche Lehre; glaubt weiterhin, dass Jesus der Sohn Gottes ist und habt weiterhin Leben in seinem Namen. Deshalb schrieb er Vers 16 in Kapitel 3. Dieser Vers richtet sich an Gläubige und wenn Sie auch noch die weiteren Verse lesen, werden Sie feststellen, dass er darin mit Gläubigen erörtert, was daraus resultierte, dass Christus kam und „gegeben" wurde. Er sagt, daraus resultiere, dass das Gericht bereits geschehe, weil die Menschen die Finsternis mehr liebten als das Licht. Die Tatsache, dass Jesus kam, dass Gott ihn schenkte, und die Welt ihn nicht annehme, sei bereits der Anfang des Gerichts. Er bespricht diese ganze Angelegenheit mit christlichen Lesern. Mit anderen Worten: Da Vers 16 von Johannes geschrieben und an den Leser gerichtet wurde, darf man nicht meinen, dass hier Jesus zu einem Ungläubigen Nikodemus spräche. Es ist eine Botschaft an die Adresse von Christen.

Ich möchte dies noch etwas weiterführen. Wenn wir Vers 16 aus dem Zusammenhang reißen und als Werkzeug für Evangelisation gebrauchen, missbrauchen wir diesen Vers. Wir werden einen falschen Eindruck hinterlassen. Ich sagte es bereits: Wir vermitteln den Eindruck, das Evangelium beginne mit der Liebe Gottes, was aber nicht stimmt. Das Evangelium beginnt mit der Gerechtigkeit Gottes und dem Angebot seiner Gerechtigkeit (vgl. Röm 1,16-17). Als Zusammenfassung des Evangeliums ist Johannes 3,16 daher völlig unzureichend. Und jetzt liegt es auch auf der Hand, warum weder Jesus noch die Apostel je Johannes 3,16 predigten oder zumindest den Inhalt dieses Verses: Er neigt dazu, mehr den sterbenden als den lebenden Heiland in den Vordergrund zu rücken, mehr das Kreuz als die Auferstehung - von seiner Himmelfahrt und Rückkehr aus dem Himmel ganz zu schweigen! Das Hauptproblem damit, Joh 3,16 bei der Evangelisation einzusetzen, besteht darin, dass dieser Vers

IST JOHANNES 3,16 DAS EVANGELIUM?

den Leuten nicht hinreichend sagt, wie sie auf das Evangelium reagieren sollen. Mit keiner Silbe erwähnt er die Buße - mit keiner Silbe. Mit keiner Silbe erwähnt er die Taufe; mit keiner Silbe erwähnt Johannes 3,16, dass man den Geist empfangen muss. Und wenn man bei der Evangelisation einen Vers verwendet, der den Leuten nicht sagt, wie sie im Detail angemessen reagieren sollen, steht man vor dem Problem, dass man nur eine ganz einfache, pauschale Entscheidung von ihnen bekommt, die für eine echte Veränderung im Leben nicht ausreicht. Ein klassisches Beispiel für einen solchen Missbrauch eines Bibelverses ist Offenbarung 3,20, wo es heißt : „Siehe, ich stehe an der Tür und klopfe an; wenn jemand meine Stimme hört und die Tür öffnet, zu dem werde ich hineingehen und mit ihm essen und er mit mir." Es wird oft gesagt, hier gehe es um Bekehrung. Jesus klopft an der Tür deines Herzens: Bitte lass ihn herein! Ich glaube, dieser Vers kommt in jeder evangelistischen Schrift vor, die mir bislang in die Hände gefallen ist. Ich habe in meinem Bücherschrank sechsunddreißig Booklets darüber, wie man Christ wird; ich habe sie alle sorgfältig durchgelesen, bevor ich mein Buch *Wiedergeburt: Start in ein gesundes Leben als Christ* schrieb. In jedem Booklet wird Offenbarung 3,20 zitiert. Doch die „Tür" in diesem Vers ist die Tür einer Gemeinde; der Vers richtet sich an Christen, in deren Gemeindeversammlungen die Gegenwart Christi nicht mehr spürbar ist, und die gute Nachricht besteht darin, dass nur ein Gemeindemitglied nötig ist, um Jesus wieder in eine Gemeinde zurückzuholen! Das ist doch wirklich eine gute Nachricht, nicht wahr?

Das hat überhaupt nichts mit Bekehrung zu tun. Doch wenn man einem Suchenden diesen Vers zitiert, erwähnt man weder Buße noch Taufe, sondern sagt einfach nur: „Öffne die Tür und lass ihn herein." Oder: „Lade Jesus in dein Leben ein." Die Apostel haben so etwas nie gesagt, doch wir sagen so etwas, weil wir einen Vers herausgreifen und meinen, in diesem einen Vers stecke das ganze Evangelium. Die eigentliche und wahre

Reaktion auf das Evangelium finden wir in der Antwort, die Petrus in Apostelgeschichte 2 gibt, als er von den Leuten gefragt wird: „Was sollen wir tun?" Er sagt: „Tut Buße, und jeder von euch lasse sich taufen auf den Namen Jesu Christi zur Vergebung eurer Sünden! Und ihr werdet die Gabe des Heiligen Geistes empfangen." Das ist der Vers, den wir verwenden sollten, wenn wir den Leuten sagen, wie man Christ wird, und nicht: „Öffne die Tür und lass ihn herein" oder: „Lade ihn in dein Leben ein." Das sind Beschönigungen, die der Realität nicht gerecht werden.

Ich möchte betonen, dass in Johannes 3,16 weder Buße noch Taufe erwähnt wird, doch beides ist eine wesentliche Voraussetzung, um ins Reich Gottes zu kommen. Warum erwähnt Johannes in diesem Vers weder Buße noch Taufe? Die Antwort ist sehr einfach: Die Leute, an die er schreibt, haben bereits Buße getan und sich taufen lassen. Sie brauchen diese Botschaft nicht mehr. Doch was sie hören müssen, ist: Glaubt weiterhin, damit ihr weiterhin Leben habt! Es passt zum Grundtenor und der Absicht dieses Evangeliums, dass sich Johannes 3,16 nicht grundsätzlich damit befasst, wie man Christ wird. Der Vers spricht nicht in eine „Evangelisationssituation" hinein; er hat keine nach außen gerichtete evangelistische Zielsetzung. Johannes geht es vielmehr um eine weitaus wichtigere Botschaft an die Adresse der Christen: Glaubt weiter! Haltet am Glauben fest!

Wenn wir uns also mit dem richtigen und falschen Gebrauch von Johannes 3,16 beschäftigen, halten wir Folgendes fest: Wenn wir diesen Vers zu einer evangelistischen Botschaft machen oder zu einem Vers für Ungläubige, neigen wir dazu, den Empfängern ein vereinfachtes Bild zu vermitteln - sowohl vom Evangelium als auch von der Reaktion auf das Evangelium. Wir halten fest, dass Johannes genau deshalb weder Buße noch Taufe erwähnt, weil er sich an jene richtet, die bereits Buße getan haben, die sich bereits haben taufen lassen und die an dem Glauben festhalten müssen, den sie am Anfang hatten, und weiterhin glauben müssen und dadurch weiterhin ewiges Leben haben.

IST JOHANNES 3,16 DAS EVANGELIUM?

Wenn man Johannes 3,16 zu einer evangelistischen Botschaft für Ungläubige macht, besteht das Hauptproblem darin, dass man die wichtige Botschaft dieses Verses an die Gläubigen aus den Augen verliert, denn genau deshalb kam er ja überhaupt ins Johannesevangelium hinein. Das Evangelium wurde genau dafür geschrieben, dass die Leute weiterhin glauben, damit sie weiterhin Leben haben. Eine der häufigsten Fehleinschätzungen besteht wohl darin zu meinen, das ewige Leben sei ein „Paket", das uns ausgehändigt wurde, als wir an Jesus glaubten, so dass wir jetzt dieses Paket haben, d. h. dass wir jetzt ewiges Leben haben und dass wir es für immer haben. Die Vorstellung, dass man ewiges Leben auch verlieren kann, ist vielen Christen völlig neu, weil man den meisten von ihnen nämlich gesagt hat, dies sei unmöglich und wenn man ewiges Leben erst einmal habe, habe man es für immer und das sei so bis in alle Ewigkeit. Das heißt, dass wir Johannes 3,16 sehr oft aus einem vorgeprägten Denken heraus lesen, einer Denkweise, die besagt: „einmal glauben, immer glauben" oder „einmal errettet, immer errettet". Und daher lesen wir auch die Zeitformen anders: Anstatt zu erkennen, dass es heißt: „Denn so hat Gott die Welt einmal geliebt ..." und: „Wenn wir weiterhin glauben, haben wir weiterhin Leben", vertauschen wir die Zeitformen und sagen: „Gott liebt die Welt weiterhin und wir brauchen nur einmal zu glauben." Damit haben wir die Botschaft in ihr Gegenteil umgekehrt, weil wir sie durch eine bestimmte Brille betrachtet haben. Die Botschaft von Johannes 3,16 (wenn man sie so sorgfältig wie nur irgend möglich liest) lautet, dass man das ewige Leben verlieren kann und aufhört, ewiges Leben zu haben, indem man aufhört, an den zu glauben, der für uns starb.

Der Grund dafür wird an einer anderen Stelle im Johannesevangelium und auch in seinem ersten Brief erläutert. Es ist nur ein Vers in seinem ersten Brief, der sehr viel Licht in dieses Thema bringt: „Und dies ist das Zeugnis: dass Gott uns ewiges Leben gegeben hat, und dieses Leben ist in seinem Sohn.

Wer den Sohn hat, hat das Leben; wer den Sohn Gottes nicht hat, hat das Leben nicht." (1 Joh 5,11-12)

„Hat" im zweiten Teil des Zitats steht in der Verlaufsform der Gegenwart. Der Schlüssel zu diesem Zitat ist: Gott hat uns ewiges Leben gegeben, aber dieses Leben ist nicht in uns. Dieses Leben ist in seinem Sohn; nur in seinem Sohn wird uns dieses Leben gegeben. Es wird uns nicht in uns selbst gegeben. Deshalb gilt (wie Johannes weitersagt): „Wer den Sohn kontinuierlich hat ...", oder wörtlich, „Wer damit weitermacht, den Sohn zu haben, macht damit weiter, Leben zu haben." Doch wer nicht damit weitermacht, den Sohn zu haben, macht auch nicht weiter damit, Leben zu haben. Ewiges Leben ist nicht im Christen, sondern in Christus.

Die Passage des Johannesevangeliums, die völlige Klarheit über diesen Sachverhalt schenkt, finden wir in Johannes 15, wo Jesus sagt: „Ich bin der Weinstock" bzw. „Ich bin der wahre Weinstock." Und er sagt: „Ihr seid die Reben", doch dann lässt sich dieser Vergleich nicht so recht weiterführen, denn bei Jesus haben die Reben ja die Wahl, ob sie am Weinstock bleiben oder nicht. Normalerweise haben die Reben eines Weinstocks diese Wahl nicht; sie sind am Weinstock und das war's. Doch beim lebendigen Weinstock, beim wahren Weinstock Jesus, haben die Reben die Wahl; sie müssen sich entscheiden. Sie müssen sich entscheiden, ob sie am Weinstock bleiben oder nicht. Aus diesem Grund ermahnt er die Jünger: „Bleibt in mir" oder: „Wohnt in mir", wenngleich „Bleibt in mir" eine recht wörtliche Entsprechung ist. Mit anderen Worten: Es wird hier überaus deutlich, dass wir sogar in Christus die Wahl haben, ob wir in ihm bleiben oder nicht. Beachten Sie, dass es uns etwas kostet, wenn wir nicht in ihm bleiben: Die Rebe hat aus sich selbst heraus kein Leben. Sie hat nur Leben im Weinstock. Die Rebe hat kein Leben; der Weinstock hat Leben; und die Rebe hat Leben, solange sie am Weinstock bleibt. Doch was geschieht, wenn sie den Kontakt mit dem Weinstock verliert? Sie welkt. Erst wird sie fruchtlos, dann welkt sie, dann wird sie abgeschnitten und verbrannt. Wirklich sehr eindringliche Worte gerichtet an christliche Reben am wahren Weinstock! Jesus sagt so klar und deutlich, wie er nur kann: „Bleibt an mir! Bleibt an mir dran! Und weil das ewige Leben in mir ist und nicht in euch, werdet ihr damit weitermachen, Leben zu haben, wenn ihr damit weitermacht, in mir zu sein; wenn ihr nicht in mir bleibt, werdet ihr das Leben verlieren."

Das ewige Leben ist also kein „Paket", sondern eine Beziehung; nicht etwas, das Gott mir gab, als ich gläubig wurde, sondern etwas, das ich habe, wenn ich in Christus bin und solange ich in Christus bleibe, werde ich weiterhin ewiges Leben haben - das ist der Grund, warum Johannes dieses ganze Evangelium an Christen schrieb: Macht weiter damit, an ihn zu glauben und ihr werdet damit weitermachen, Leben zu haben. Das ist die Botschaft von Johannes 3,16 an Gläubige. Doch solange wir diesen Vers den Ungläubigen als Evangelium predigen, versäumen wir es, die Gläubigen zu warnen, dass es durchaus die Möglichkeit gibt, dass man sein ewiges Leben verliert, wenn man nicht am wahren Weinstock bleibt - wenn man nicht in Christus bleibt; wenn man nicht damit weitermacht, ihm zu vertrauen und zu gehorchen; wenn man nicht damit weitermacht, an ihn zu glauben und somit auch nicht damit weitermacht, Leben zu haben.

Dieses Leben ist, wie Johannes uns klarmacht, nicht in uns; dieses Leben ist in Jesus. Gott hat uns ewiges Leben gegeben, doch dieses Paket finden wir in ihm und nicht in uns; und in ihm empfangen wir dieses Geschenk, außerhalb von ihm werden wir es verlieren. Aus diesem Grund wird dieser dringliche Appell an uns gerichtet. Ich befürchte, dass dies bedeutet, dass Johannes 3,16 an sich das Klischee „einmal errettet, immer errettet" („Once Saved, Always Saved") kippt - ein Klischee, das Sie sicher noch nie in Ihrer Bibel gefunden haben. Ich bin sogar noch nicht einmal „einmal errettet"! Das werde ich eines Tages sein, wenn ich von jeder noch so geringen Spur von Sünde errettet bin. An jenem Tag werde ich in der Position sein, laut „einmal errettet, immer errettet" zu rufen, denn dann wird es der Wahrheit entsprechen. Aber ich glaube, dass Johannes diese Last tief in seinem Inneren mit sich trug: Er sah mit an, wie Christen vom Glauben abkamen, weil sie von einer falschen Lehre über Christus in die Irre geführt wurden.

Der Vers „Wie werden wir entfliehen, wenn wir eine so große Rettung missachten?" (Hebr 2,3) richtet sich an Christen, nicht an Ungläubige. Es sind nicht Ungläubige gemeint, die das Evangelium missachten, sondern Gläubige, die ihren Weg des Heils missachten. Es braucht nicht viel, um abzudriften, um es mit dem Glauben nicht mehr ganz so genau zu nehmen, um in Unglauben hineinzugeraten und das ewige Leben zu verlieren. Es ist wirklich tragisch, wenn man Johannes 3,16 als Evangeliumsbotschaft verwendet, weil dadurch die eigentliche Botschaft dieses Verses verloren geht. Die Leute nehmen Johannes 3,16, werfen es ihren Ungläubigen Nachbarn ins Gesicht und sagen: „Das ist für dich." Ist es nicht. Es ist für uns alle, die Christen sind.

Kapitel 6

APOSTEL DES ZORNS

Wir hielten fest, dass man Johannes gern als den „Apostel der Liebe" bezeichnet. Sogar er selbst bezeichnet sich als „geliebter Jünger" - und das war er auch. Bei jeder Mahlzeit saß er näher bei Jesus als die anderen. Damals saß man beim Essen nicht auf Stühlen, sondern lag auf einer Couch. Man stützte sich auf den linken Arm und aß mit der Rechten; dabei hatte man natürlich den Kopf unmittelbar neben den Füßen des Nebenmanns. (Das ist auch der Grund, warum man sich vor den Mahlzeiten die Füße wusch, was eine recht vernünftige Sitte gewesen zu sein scheint.) Das bedeutete, dass man sich immer an jemand anderen anlehnte und Johannes war immer derjenige, der sich an Jesus anlehnte. (Unser Ausdruck „Busenfreund" stammt aus einer Zeit, als man sich buchstäblich noch an jemand anderen anlehnte.) Es war der beste Platz, zur Rechten des Gastgebers, und Johannes war immer an diesem Platz. Wir können uns ein Bild davon machen, wie die anderen Apostel dies empfanden: Es gab Anzeichen von Eifersucht und an einer Stelle wird dies auch deutlich.

Johannes war also der „geliebte Apostel" und je älter er wurde, desto mehr Wert legte er auf dieses Wort „Liebe". Ja, als er ein alter Mann war und man ihn bat, etwas zum Gottesdienst am Sonntag beizutragen, sagte er immer nur: „Ich habe nur eines zu sagen: Meine Kindlein, liebt einander." Es heißt, er habe viele Texte gehabt, aber nur eine Predigt für den letzten Teil seines Lebens: Liebe, Liebe, Liebe. Er war der Apostel der Liebe und es gibt viele Fachleute des Neuen Testaments, die die Anschauung vertreten, der Apostel Johannes führe das Christentum zu seinem Höhepunkt, seine Schriften seien der Dreh- und Angelpunkt des

IST JOHANNES 3,16 DAS EVANGELIUM?

neutestamentlichen Christentums und seine Betonung der Liebe sei Krönung und Inbegriff der gesamten neutestamentlichen Lehre. Natürlich war er der Apostel, der sagte: „Gott ist Liebe" und in gewisser Hinsicht ist dies das erhabenste und grundlegendste Statement über das göttliche Wesen, das man überhaupt machen kann. Als Student in Cambridge begegnete mir diese Sichtweise und auch Sie haben sicher schon einmal Prediger gehört, die diese Position mit allem Nachdruck verfechten.

Ich finde es sehr interessant, dass es Johannes nicht gestattet wurde, im Neuen Testament das letzte Wort zu haben. Wenn er tatsächlich der Höhepunkt von allem war, wenn er uns mit seiner starken Betonung von Liebe tatsächlich zum Inbegriff des Glaubens führte, wäre es dann nicht nett, wenn das Neue Testament auch damit enden und uns allen dieses Bild von einem Gott der Liebe, von unserer Liebe zu ihm und unserer Liebe zueinander vermitteln würde? In gewisser Weise wäre das ein sehr netter Schluss! Doch so endet das Neue Testament nicht. Jesus hat das letzte Wort in unserem Neuen Testament und sein letztes Wort ist ein sehr starkes, eindringliches Wort. Man kann es aus verschiedenen Blickwinkeln betrachten und den Eindruck gewinnen, es sei ein Wort ohne Liebe. Das Buch der Offenbarung kann man wohl kaum als ein „Buch voller Liebe" bezeichnen. Das Wort „Liebe" kommt auch nur ein einziges Mal im ganzen Buch vor und zwar in der Stelle, in der Jesus zu einer der sieben Gemeinden sagt: „Ich überführe und züchtige alle, die ich liebe." Es ist nicht sehr „nett", „liebevoll" oder „tröstlich", so etwas zu sagen, nicht wahr? Das ist die einzige Fundstelle von „Liebe" und im Rest des Buchs geht es um den Zorn Gottes und den Zorn Jesu. Dies erreicht seinen Höhepunkt in der Mitte des Buchs, wo die Menschen beten, es möge ein Erdbeben kommen. Für ein Erdbeben beten?! In welcher Situation müssen sich Menschen befinden, dass sie für so etwas beten? Der Text macht deutlich, dass dies darauf zurückzuführen ist, dass die Menschen erkennen, dass sie in das zornige Gesicht von Gott, dem Vater, und Gott, dem

Sohn, blicken. Und anstatt sich diesem Zorn zu stellen, rufen sie: „Berge, fallt auf uns und verbergt uns vor ihrem Zorn." Ein „Buch voller Liebe"? Und doch ist es das letzte Wort im Neuen Testament. Es ist der wahre Höhepunkt der Geschichte. Und hier ist die Ironie der Geschichte. Möglicherweise sagte sich Jesus: Wem soll ich dieses Buch diktieren? Wem soll ich diese schreckliche Botschaft geben? Ich weiß: dem Apostel Johannes; ihm werde ich sie geben. Johannes wurde als alter Mann auf die Insel Patmos geschafft, um dort in den Steinbrüchen zu arbeiten; dort gab ihm der Herr die Offenbarung dessen, was kommen soll und wie alles enden wird mit einem neuen Universum, in dem die Gerechtigkeit wohnt.

Irgendwie wird auf diese Weise das Gleichgewicht wiederhergestellt. Der „Apostel der Liebe", der in seinem Evangelium und in seinen Briefen die Liebe so sehr betonte, wurde nichtsdestotrotz auserwählt, uns die schrecklichsten Nachrichten über Gottes zukünftigen Zorn, mit dem er mit der verfallenen Welt ins Gericht geht, zu überbringen. Wir müssen darauf achten, dass wir den Leuten die ganze Wahrheit nahebringen. Der Herr Jesus wählte den „Apostel der Liebe" aus, um diese krasse und strenge Warnung niederzuschreiben - das Buch der Offenbarung -, um die Geschichte damit zum Abschluss zu bringen.

Mir ist aufgefallen, dass die, die heutzutage das „Evangelium von der bedingungslosen Liebe Gottes" predigen, nicht mit dem Buch der Offenbarung umgehen können; sie meiden es. Sie reden lieber über die Gegenwart als über die Zukunft. Irgendwie passt das Buch der Offenbarung nicht mit ihrem „Evangelium" zusammen. Doch für mich passt das Ganze in einer höchst erstaunlichen Art und Weise zusammen. Die ganze Geschichte begann mit Gott und sie endet mit Gott. Von Anfang bis Ende legt sie den Schwerpunkt auf den Gott der Gerechtigkeit - er wollte eine gerechte Welt und es ist seine Absicht, sie zu haben; und eines Tages wird er einen neuen Himmel und eine neue Erde haben, in denen Gerechtigkeit wohnt (2 Petr 3,13).

NACHWORT UND GEBET

In dieser Betrachtung haben wir uns eingehend mit Johannes 3,16 beschäftigt. Ich bitte Sie nun, selbst darüber nachzudenken. Ich bitte Sie, mich nicht gegen andere Bibellehrer „auszuspielen":
„Nun, mit diesem Lehrer bin ich einer Meinung ..." oder: „Ich stimme ihm nicht zu ..." oder: „Der stimmt nicht mit dem überein ..." Das ist ein Spielchen, das wir nicht spielen sollten. Forschen Sie selbst in der Schrift. Werfen Sie einen Blick hinein, lassen Sie sich von ihr überzeugen und sagen Sie die Wahrheit in Liebe.

Ich möchte eines klar und deutlich sagen: Ich glaube, dass wir den Menschen die Liebe Gottes zeigen sollen. Wir sollen den Leuten die „agape" Gottes zeigen, aber wir sollen sie ihnen nicht predigen.

Wir sollen sie an den Punkt bringen, an dem sie erkennen, dass Gott gerecht ist, dass alles, was er tut, gut und recht ist, und dass er uns alle unparteiisch und ohne jemanden zu bevorzugen richten wird und dass wir aus diesem Grund hingehen und auf den schauen müssen, der als liebendes Eingreifen Gottes am Pfahl auf dem Hügel hängt, um uns aus dem sicheren Tod zu befreien, der uns sonst ereilt.

Ich denke, in letzter Konsequenz wäre es für einen Menschen besser, nie geboren worden zu sein als die Gelegenheit zu verpassen, die Gottes Geschenk der Liebe in der Person Jesu ermöglich hat.

„Gott aber erweist seine Liebe zu uns darin, dass Christus, als wir noch Sünder waren, für uns gestorben ist" (Röm 5,8).

IST JOHANNES 3,16 DAS EVANGELIUM?

Gebet

Herr, solltest du uns, die wir deine Liebe nur so wenig wertschätzen gelernt haben, in unserer Not überhaupt Beachtung schenken?! Was ist der Mensch, dass du seiner gedenkst, dass du zu jenem erstaunlichen Zeitpunkt, als du deinen Sohn für uns hingabst, zu unseren Gunsten eingegriffen hast? Wir sind so dankbar dafür. Danke, dass wir die frohe Botschaft gehört haben; danke für all jene, die sich die Mühe gemacht haben, sie uns zu erzählen. Danke, dass es uns von deinem Heiligem Geist geschenkt wurde, sie zu verstehen. Danke, dass du uns von Sünde und Gerechtigkeit und Gericht überführt hast. Danke, dass du das möglich gemacht hast.

Ich bete jetzt, dass uns dein Heiliger Geist die Wahrheit lehren möge, die wir hören müssen; wenn wir ratlos sind, dass er es uns deutlich macht; wenn wir verwirrt sind, dass er uns in unserer Verwirrung Klarheit schenkt und, wie ganz am Anfang, aus Chaos Ordnung macht.

Herr, hilf mir, nicht über einen speziellen Autor nachzudenken, sondern über dein Wort und deine agape-Liebe.

Hilf uns, Herr, leite uns, vergib uns, dass wir den Leuten erzählt haben, du würdest sie bedingungslos lieben, ohne zu erkennen, wie sie das zwangsläufig auffassen müssen. Doch, Herr, gib uns ab jetzt die Weisheit, den Mut und die Gnade, ihnen die Wahrheit zu sagen, die Wahrheit, die sie frei machen wird.

Und wir wollen ganz genau darauf achten, dass wir dir alle Ehre und Lobpreis und allen Ruhm geben, die deinem heiligen Namen zustehen durch Jesus Christus, unseren Herrn. Amen.

www.ingramcontent.com/pod-product-compliance
Lightning Source LLC
Chambersburg PA
CBHW070323120526
44590CB00017B/2794